これからの介護・福祉事業を担う経営"人財"

介護福祉経営士テキスト

実践編 II

介護福祉マーケティングと経営戦略

エリアとニーズのとらえ方

馬場園　明

JMP 日本医療企画

● 総監修のことば

なぜ今、「介護福祉」事業に経営人材が必要なのか

　介護保険制度は創設から10年あまりが経過し、「介護の社会化」は広く認知され、超高齢社会の我が国にとって欠かせない社会保障として定着している。この介護保険制度では「民間活力の導入」が大きな特徴の1つであり、株式会社、社会福祉法人、NPO法人など多岐にわたる経営主体は、制度改正・報酬改定などの影響を受けつつも、さまざまな工夫を凝らし、安定した質の高いサービスの提供のため、経営・運営を続けている。

　しかしながら、介護福祉業界全般を産業として鑑みると、十分に成熟しているとは言えないのが現実である。経営主体あるいは経営者においては経営手法・マネジメントなどを体系的・包括的に修得する機会がなく、そのため、特に介護業界の大半を占める中小事業者では、不安定な経営が多くみられる。

　安定的な介護福祉事業経営こそが、高齢者等に安心・安全なサービスを継続して提供できる根本である。その根本を確固たるものにするためにも体系的な教育システムによって経営を担う人材を育成・養成することが急務であると考え、そのための教材として誕生したのが、この『介護福祉経営士テキストシリーズ』である。

　本シリーズは「基礎編」と「実践編」の2分野、全21巻で構成されている。基礎編では介護福祉事業の経営を担うに当たり、必須と考えられる知識を身につけることを目的としている。制度や政策、関連法規等はもちろん、倫理学や産業論の視点も踏まえ、介護福祉とは何かを理解することができる内容となっている。そして基礎編で学んだ内容を踏まえ、実際の現場で求められる経営・マネジメントに関する知識を体系的に学ぶことができるのが実践編という位置付けになっている。

　本シリーズの大きな特徴として、各テキストの編者・著者は、いずれも第一線で活躍している精鋭の方々であり、医療・介護の現場の方から教育現場の方、経営の実務に当たっている方など、そのフィールドが多岐にわたっていること

が挙げられる。介護福祉事業の経営という幅広い概念を捉えるためには、多様な視点をもつことが必要となる。さまざまな立場にある執筆陣によって書かれた本シリーズを学ぶことで、より広い視野と深い知見を得ることができるはずである。

　介護福祉は、少子超高齢化が進む日本において最重要分野であるとともに、「産業」という面から見ればこれからの日本経済を支える成長分野である。それだけに日々新しい知見が生まれ、蓄積されていくことになるだろう。本シリーズにおいても、改訂やラインアップを増やすなど、進化を続けていかなければならないと考えている。読者の皆様からのご教示を頂戴できれば幸いである。
　本シリーズが経営者はもとより、施設長・グループ長など介護福祉経営の第二世代、さらには福祉系大学の学生等の第三世代の方々など、現場で活躍される多くの皆様に学んでいただけることを願っている。そしてここで得た知見を机上の空論とすることなく、介護福祉の現場で実践していただきたい。そのことが安心して老後を迎えることのできる社会構築に不可欠な、介護福祉サービスの発展とその質の向上につながると信じている。

総監修

江草安彦
社会福祉法人旭川荘名誉理事長、川崎医療福祉大学名誉学長

大橋謙策
公益財団法人テクノエイド協会理事長、元日本社会事業大学学長

北島政樹
国際医療福祉大学学長

(50音順)

● はじめに

マーケティングにより
高齢者本意のサービス提供を

　日本の介護福祉の分野では、戦略的にマーケティングを考えることはあまりなされておらず、「今までこうであったから」という経験主義が幅を利かせていました。しかしながら、そのような方法では介護福祉の質の向上や効率化を進めることはできません。

　マーケティングとは、「価値のある提供物を創造・伝達・流通・交換することを通じて、個人やグループの必要(ニーズ)や欲求(ウォンツ)を満たす社会的、経済的プロセス」と定義されています。急速な少子高齢化のなかで、介護福祉を取り巻く環境も変化しており、介護福祉サービスも質を向上させつつ、コストを削減することを求められています。良質適切なサービスを患者に提供し、職員に誇りと満足感をもって働いてもらい、経営効率を良くするには、マーケティングの知恵と技術が必要とされています。

　戦略的マーケティングとは、目標を明確にして顧客のニーズやウォンツを充足する製品やサービスを市場に提供していくプロセスを論理で示すことで、そのプロセスは戦略スタンスの決定に始まり、市場機会分析、市場の選択、マーケティング戦略の決定、マーケティング目標の達成までの諸活動から成ります。

　ところで、介護福祉に関するニーズやウォンツにはどのようなものがあるでしょうか。マズローは、人間の基本的欲求を低次から、「生理的欲求」「安全の欲求」「所属の欲求」「自尊の欲求」「自己実現の欲求」の5段階に分類しています。欲求には優先度があり、低次の欲求が充足されると高次の欲求へと段階的に移行するとしていますが、成熟社会の高齢者が健やかに生活できるように支援するためには、低次の欲求ばかりではなく、高次の欲求を満たす支援も必要なのです。

はじめに

　高齢者支援とは、病気を避け意義ある生活をし、人生で何かを果たすための本人と支援者との共同作業で、その人の生きるシナリオや価値観抜きに行うことは難しいものです。高齢者自身が納得し選択・自己決定してサービスが提供されるマーケティングを構築する必要があります。

馬場園　明

CONTENTS

総監修のことば……………………………………………… II
はじめに…………………………………………………… IV

第1章　介護福祉マーケティング……………………………… 1

1 マーケティングの定義………………………………… 2
2 必要とされる介護福祉サービス……………………… 3
3 マーケティング・コンセプト………………………… 4
4 管理モデルから支援モデルへ………………………… 6

第2章　介護福祉サービス ……………………………………… 11

1 介護福祉サービスの特殊性…………………………… 12
2 介護保険で給付されるサービス……………………… 13
3 居住型の施設…………………………………………… 16

第3章　戦略的マーケティング………………………………… 21

1 戦略的マーケティング………………………………… 22
2 戦略スタンス…………………………………………… 24
3 市場機会分析と市場の選択…………………………… 26
4 マーケティング戦略とマネジメント………………… 29

第4章　市場機会分析…………………………………………… 33

1 外部環境分析…………………………………………… 34
2 内部環境分析…………………………………………… 37
3 統合分析………………………………………………… 39

第5章　市場の選択 …………………………………………………… 45

1. セグメンテーション………………………………………………… 46
2. ターゲティング……………………………………………………… 48
3. ポジショニング……………………………………………………… 49

第6章　マーケティング・ミクス ……………………………………… 53

1. マーケティング・ミクス…………………………………………… 54
2. 製品・サービス戦略………………………………………………… 55
3. 価格戦略……………………………………………………………… 57
4. 流通戦略……………………………………………………………… 59
5. プロモーション戦略………………………………………………… 60

第7章　マーケティング・リサーチ …………………………………… 65

1. マーケティング・リサーチ………………………………………… 66
2. マーケティング・リサーチの種類………………………………… 68
3. マーケティング・リサーチの手順………………………………… 72

第8章　ソーシャル・マーケティング ………………………………… 77

1. ソーシャル・マーケティング……………………………………… 78
2. ソーシャル・マーケティングにおける4P ……………………… 79
3. ソーシャル・マーケティングが成功するための条件…………… 81
4. ホームベース型健康支援…………………………………………… 82

第9章　顧客満足度と従業員満足度 ……………………………… 89

- １　顧客満足度………………………………………………………… 90
- ２　顧客満足度の測定と活用方法………………………………… 92
- ３　サービス・プロフィット・チェーン………………………… 95
- ４　従業員満足度と生産性の向上………………………………… 97

第10章　戦略理論①　競争戦略 ……………………………………… 101

- １　競争戦略…………………………………………………………… 102
- ２　競争戦略における競争位置…………………………………… 103
- ３　競争戦略の決定………………………………………………… 105

第11章　戦略理論②　ブルー・オーシャン戦略 ………………… 111

- １　ブルー・オーシャン戦略……………………………………… 112
- ２　戦略キャンバス………………………………………………… 113
- ３　６つのパス……………………………………………………… 115
- ４　４つのアクション……………………………………………… 118
- ５　ブルー・オーシャン戦略のチェックポイント…………… 120

第12章　戦略理論③　成長戦略 ……………………………………… 125

- １　製品・サービスのライフサイクル…………………………… 126
- ２　ライフサイクルと成長戦略…………………………………… 128
- ３　アンゾフの成長マトリクス…………………………………… 131
- ４　プロダクト・ポートフォリオ・マネジメント…………… 133

第13章　戦略理論④　バランスト・スコアカード ……………… 139

- 1　バランスト・スコアカード……………………………………… 140
- 2　バランスト・スコアカードの作り方…………………………… 142
- 3　バランスト・スコアカードの例………………………………… 144
- 4　バランスト・スコアカードの管理方法………………………… 146

第14章　介護福祉マーケティングの事例①　介護付き有料老人ホーム… 149

- 1　SWOT分析とバランスト・スコアカードを用いた経営改善 … 150
- 2　組織のSWOT分析とクロスSWOT分析……………………… 151
- 3　バランスト・スコアカードの策定……………………………… 153
- 4　介護福祉事業でバランスト・スコアカードを用いる意義…… 155

第15章　介護福祉マーケティングの事例②　在宅支援複合施設 … 159

- 1　地域包括ケアシステムと在宅支援複合施設…………………… 160
- 2　事例①　住宅型有料老人ホーム………………………………… 162
- 3　事例②　大規模デイサービス…………………………………… 165
- 4　事例③　住宅型有料老人ホーム………………………………… 167
- 5　今後の地域包括ケアシステムの構築に向けて………………… 170

第16章　介護福祉マーケティングの事例③　医療法人の介護療養病床転換 … 175

- 1　介護療養病床廃止への対策……………………………………… 176
- 2　介護療養病床の転換の方向性…………………………………… 181
- 3　おわりに…………………………………………………………… 183

第1章
介護福祉マーケティング

1 マーケティングの定義
2 必要とされる介護福祉サービス
3 マーケティング・コンセプト
4 管理モデルから支援モデルへ

1 マーケティングの定義

1 介護福祉におけるマーケティング

　アメリカマーケティング協会は、マーケティングについて「顧客、依頼人、パートナー、社会全体にわたって価値のある提供物を創造・伝達・流通・交換するための活動、一連の制度、過程である」と定義しています[1]。コトラーは、「マーケティングとは、価値と製品を創造して、提供し、他者と交換することを通じて、個人やグループが必要（ニーズ）とし、欲求（ウォンツ）するものを満たす社会的、経済的プロセスである」と述べています[2,3]。

　これらの言葉から考えると、介護福祉マーケティングは「介護福祉において、価値のある提供物を創造・伝達・流通・交換することを通じて、個人やグループが必要（ニーズ）とし、欲求（ウォンツ）するものを満たす社会的、経済的プロセスである」と定義して差し支えないと思われます。顧客の潜在的欲求を察知して、創造して提供する活動に結びつけていくこと、すなわち、「顧客の創造と維持」が必要ですが、そのためには「顧客の満足」を満たし続ける活動が求められています[4]。

2 必要とされる介護福祉サービス

1 高齢人口の増加に伴い増える介護サービス

　65歳以上人口は2010（平成22）年現在2,948万人で、人口割合の23％であり世界一の水準となっています。これが、国立社会保障・人口問題研究所の推計によれば、2025年には3,657万人、人口割合の30％を超えると予想されています。一方、それを支える生産年齢世代の割合は減少を続けています。また、高齢者単独世帯が急速に増えており、家族の介護力は低下しています。さらに平均余命は着実に延長しており、高齢者の介護期間もそれに伴って長くなっています。したがって、高齢者が将来、身体が不自由になった場合や認知症になった場合には介護不安が生じます。

　介護をする人が身近にいない場合は、外部の人に生活の支援や介護をお願いせざるを得ません。病気や障害をもっていない高齢者にしても不安、孤独、安全の問題が生じることもあり、介護福祉サービスのニーズがあります。たとえ家族が同居していても、家庭の事情で介護を十分に行うことができない場合や、身体的な重度介護者を抱えることに家族が耐えられない場合もあります。特に、認知症高齢者に対する介護は毎日24時間続き、その介護ストレスは想像を絶するものがあります。

3 マーケティング・コンセプト

1 マーケティングの4つの志向

　マーケティングのコンセプトとは、マーケティングの捉え方、方向性を指します。大きく分類すると、**図表1-1**に示すように「生産志向」「製品志向」「販売志向」「マーケティング志向」の4つがあります[5)6)]。

　需要が供給を上回る状態にあれば、「生産志向」のマーケティングでも結果が出ます。消費者は「価格の安いものを好む」傾向にあるので、生産性を向上させることが必要です。介護保険の適用対象となる介護施設は、利用者の自己負担が少ないため「生産志向」の傾向となります。「製品志向」では、消費者の「良いものを好む」ニーズを満たすために高品質生産に向かいます。有料老人ホームではハードやサービスにコストをかけ、数多く販売されています。「販売志向」では売ることに重点が置かれます。営業に焦点を合わせる販売強化になってしまうため顧客中心になりにくい傾向があります。

　「マーケティング志向」では、顧客満足を高めるために顧客のニーズやウォンツに対応することが目的となります。

図表1-1 ●マーケティング・コンセプト

タイプ	需要供給バランス	マーケティング目的	方向性
生産志向	供給不足	生産量の拡大	生産性向上
製品志向	需要不足	製品・サービスの質による需要の喚起	高品質生産
販売志向	需要不足	販売量の拡大	販売強化
マーケティング志向	需要不足	顧客のニーズ・ウォンツの対応	顧客満足

著者作成

2 介護福祉における高齢者の欲求

　それでは、介護の必要な高齢者にはどのようなニーズやウォンツがあるのでしょうか。マズローは、人間の基本的欲求を低次から、「生理的欲求」「安全の欲求」「所属の欲求」「自尊の欲求」「自己実現の欲求」の5段階に分類しました[7)8)]。そして、欲求には優先順位があり、低次の欲求である「生理的欲求」「安全の欲求」が充足されると、より高次の欲求である「所属の欲求」「自尊の欲求」「自己実現の欲求」へと段階的に移行するとしました。この欲求階層説に介護福祉分野の内容を当てはめたものが**図表1-2**です。

図表1-2●マズローの5段階の欲求と介護福祉サービス

自己実現の欲求	社会への貢献と自己肯定感
自尊の欲求	生活の自立、周りの人からの共感、愛情、信頼、敬意、理解
所属の欲求	友人、家族、医療・介護スタッフの存在、安心できる居場所
安全の欲求	安全な環境、医療・介護に心配のない環境
生理的欲求	適切な食事、心地良い睡眠、快い排泄、快適な住居、清潔な環境

著者作成

　これらの欲求を介護福祉の分野に応用してみると、「生理的要求」では適切な食事、心地良い睡眠、快い排泄、快適な住居、清潔な環境、「安全の欲求」では安全な環境、医療・介護に心配のない環境、「所属の要求」では友人、家族、医療・介護スタッフの存在、安心できる居場所、「自尊の要求」では生活の自立、周りの人からの共感、愛情、信頼、敬意、理解、「自己実現の要求」では社会への貢献と自己肯定感などが挙げられるでしょう[9)]。

　成熟社会の高齢者が健康に生活できるように支援するためには、高齢者の低次の欲求を満たすばかりではなく、高次の欲求を満たすサービスも必要です。

4 管理モデルから支援モデルへ

1 これからの介護の考えかた

　高齢者のニーズやウォンツを満たす介護福祉サービスは、どのような姿勢で行えば良いのでしょうか。それは、かつてのような高齢者を収容し"管理"する姿勢ではなく、「高齢者の運動機能、口腔機能、栄養状態を高め、さらには認知・情緒面の改善を通じて生活機能を高め、生きがいや自己実現の達成に向けた」"支援"を行う姿勢でしょう。

　図表1-3に管理モデルと支援モデルを対比させています。サービスの目的においては、管理モデルでは「生理的な欲求の充足」を最重視しますが、支援モデルでは「生活の質・人生の質の向上」を最重視します。

　スタッフは、管理モデルでは「問題が起こらないように管理する」ことを優先し、支援モデルでは「生活機能を高める支援」をします。

　本人の役割は、管理モデルでは与えられたものを受け入れる「依存」ですが、支援モデルでは自分でできることは自分でする「自立」「自己決定」になります。

　リハビリの動機づけでは、管理モデルではやらなければならないといった「外発的動機づけ」で行います。一方支援モデルでは"自分がどうなりたいのか""どうしたらできそうか"といった「内発的動機づけ」を重視します。

　障害に対する考え方も、管理モデルでは「障害があればできない」と認識しますが、支援モデルでは「残存機能を活用」することを意識します。

図表1-3 ●管理モデルと支援モデル

モデル	管理モデル	支援モデル
サービスの目的	生理的な欲求の充足	生活の質・人生の質の向上
スタッフの役割	問題が起こらないように管理	生活機能を高める支援
本人の役割	依存	自立・自己決定
リハビリの動機づけ	外発的動機づけ	内発的動機づけ
障害の考え方	障害と認識	残存機能を活用

著者作成

　これまでは、国際障害分類（ICIDH）に基づき人間の機能とその障害、リハビリテーション関連の概念を整理してきており、介護福祉の分野でも「障害」すなわち「何ができない」というマイナス面に着目してきた傾向があります。

　これに対して、新しい国際生活機能分類（ICF）では、「生活機能」すなわち「何ができるか」という、プラス面から人間を見ていく発想が求められています[10]。

確認問題

 **問題 1** 以下の文章の（　）に適切な言葉を記入しなさい。

①介護福祉マーケティングは、介護福祉において、(**ア**)のある提供物を創造・伝達・流通・(**イ**)することを通じて、個人やグループが必要(ニーズ)とし、欲求(ウォンツ)するものを満たす社会的、経済的(**ウ**)である。

②マズローは、人間の基本的欲求を低次から、「(**エ**)的欲求」「安全の欲求」「所属の欲求」「自尊の欲求」「(**オ**)の欲求」の5段階に分類した。

③マーケティングのコンセプトには、「(**カ**)志向」「製品志向」「(**キ**)志向」「マーケティング志向」の4つがある。

④国際生活機能分類(ICF)では、「(**ク**)機能」すなわち「何が(**ケ**)」という、プラス面から人間を見ていく発想の転換が示された。

確認問題

解答1

ア：価値　イ：交換　ウ：プロセス
エ：生理　オ：自己実現　カ：生産
キ：販売　ク：生活　ケ：できるか

解説1

①価値のある提供物とは、ニーズやウォンツを満たすものです。

②ニーズやウォンツは、「生理的欲求」「安全の欲求」「所属の欲求」「自尊の欲求」「自己実現の欲求」から発生します。

③④今後の介護福祉マーケティングコンセプトは、「マーケティング志向」の立場で、潜在的なニーズやウォンツを満たしていくことです。とりわけ、「自尊の欲求」「自己実現の欲求」を満たしていくためには、「何ができないか」ではなく、「何ができるか」ということに焦点を当てて、できるだけ自立を支援するためのサービスが求められています。そのためには、「自分がどうなりたいのか」「どうしたらできそうか」といった内発的動機づけを重視しつつ、自己選択を尊重していくことが鍵となります。

第2章
介護福祉サービス

1. 介護福祉サービスの特殊性
2. 介護保険で給付されるサービス
3. 居住型の施設

 介護福祉サービスの特殊性

1 サービスの非有形性、不可分性、変動性、非貯蔵性

　人は、高齢になると病気や障害をもつようになり、介護福祉サービスが必要となります。介護福祉スタッフの支援を受けながら生活し、最終的に亡くなるというプロセスをたどります。したがって高齢者の生活・人生の質は、どのような介護福祉サービスを受けられるかにかかっていると言っても過言ではありません。

　介護福祉マーケティングにおいては、介護福祉サービスは特殊性（非有形性、不可分性、変動性、非貯蔵性）をもつということを認識しなければなりません。サービスは形として目に見えないため非有形で、提供する人とサービスそのものが不可分です。また、サービスの質は誰が、いつ、どこで、どのように提供するかで変動します。さらにサービスは貯蔵できないため、決められた時間に顧客が来て、スタッフが揃わなくては提供できません。そして活動の対象となる顧客はサービス生産の場に居合わせるため、顧客と提供者との共同作業となります。

　介護福祉サービスのさまざまな要件は、法律で定められています[11]。介護保険のサービスを受けるには「65歳以上の第1号被保険者」、「40歳以上65歳未満の第2号被保険者で初老期の認知症、脳血管疾患などの老化に起因する、介護保険法で定める特定疾病に罹患している」ことが条件です。要支援・要介護状態と認定された場合は介護保険からの給付が行われますが、その区分によってサービスの支給限度基準額が決まっており、それ以上のサービスを受ける場合は自己負担となります。

2 介護保険で給付されるサービス

1 居宅サービスと地域密着型サービス

　介護保険で給付される、在宅で受けられる居宅サービスと地域密着型サービスを**図表2-1**に示しました。これらのサービスにおける介護サービス計画（ケアプラン）では、介護保険で支給される費用の上限以下になるように調整が行われるのが一般的です。

図表2-1 ●在宅で受けられる介護保険サービス

居宅サービス	地域密着型サービス
訪問介護（ホームヘルプ） 訪問入浴介護 訪問看護 訪問リハビリテーション 居宅療養管理指導 通所介護（デイサービス） 通所リハビリテーション（デイ・ケア） 短期入所生活介護（ショートステイ） 短期入所療養介護（ショートステイ） 特定施設入居者生活介護（有料老人ホーム） 福祉用具の貸与 特定福祉用具販売 居宅介護住宅改善費（住宅改修） 居宅介護支援	小規模多機能型居宅介護 夜間対応型訪問介護 認知症対応型通所介護 認知症対応型共同生活住居（グループホーム） 地域密着型特定施設入居者生活介護 地域密着型介護老人福祉施設入所者生活介護

著者作成

　居宅サービスは、居宅（在宅）で受ける介護サービスのことです。居宅サービスでは、訪問介護、通所介護、通所リハビリテーションの利用頻度が高いとされています。

　地域密着型サービスは、介護が必要となっても住み慣れた地域で暮らし、近くで介護サービスを受けられるように創設されたものです[12]。

例えば小規模多機能型居宅介護では、通い(デイサービス)を中心としながら必要であれば通いの時間を長くしたり(延長デイ)、随時、利用者宅を訪問したり(ホームヘルプサービス)、短期入所(ショートステイ)もできるようにしています。

また、認知症対応型共同生活介護(グループホーム)は認知症の要介護者が共同生活を送る施設で、入浴・排泄・食事等の介護やその他日常生活上の世話、機能訓練を行うところです[12]。個別ケアや他の入居者との「なじみの関係」を築くことで認知症の症状が改善したとの報告がなされています。

地域密着型特定施設入居者生活介護は、特定施設の指定を受けた有料老人ホーム、ケアハウス(軽費老人ホーム)、サービス付き高齢者向け住宅などに入居している要介護者が、日常生活上の介護や機能訓練、療養上の介護を受けられるサービスです[13]。これら特定施設では、①生活相談員を入居者100人に対して常勤換算で1人以上、②看護・介護職員の総数を要介護者3人に対して常勤換算で1人以上、看護・介護職員を常勤で各1人以上、③機能訓練指導員を1人以上(理学療法士・作業療法士、看護師・准看護師などの兼務も可)、④ケアマネジャーを入居者100人に対して1人以上、配置する必要があります。

2 施設サービス

介護保険による施設サービスである介護老人福祉施設、介護老人保健施設、介護療養型医療施設の3種類にもそれぞれ特徴があります。

介護老人福祉施設は居住空間が広く、介護職員が多く、医療上の問題がない障害をもった高齢者に適しています。介護老人保健施設は看護師、介護職員が比較的多く、理学療法士・作業療法士が配置されているためリハビリテーションの必要な高齢者に適しています。介護療養型医療施設は医師、看護師が多く、医療の必要な高齢者に適しています。

施設サービスにおける居住費用および食費は、介護保険の給付から外されています。

3 居住型の施設

1 居住型施設の種類

　介護福祉に関わる居住型の施設としては、ケアハウス（軽費老人ホーム）、有料老人ホーム、サービス付き高齢者向け住宅が代表的なものです。

（1）ケアハウス（軽費老人ホーム）

　ケアハウスは車いす対応の住宅で、個室での3度の食事や入浴、排泄介護、緊急対応などのサービスが付きます[12]。開設主体は市町村、社会福祉法人、医療法人で、社会福祉法人には社会福祉施設として建設費の3/4が公費で補助され、医療法人には独立行政法人福祉医療機構からの融資が適用されます。定員は30人以上が基本です。

（2）有料老人ホーム

　有料老人ホームは法人格をもつ運営主体が事前に届け出を行い、厚生労働省の設置基準にしたがって整備する民間事業であり、福祉施設ではありません。

　入居者との契約内容に基づき、食事、相談助言、健康管理、治療への協力、介護（入浴、排泄）、機能訓練、レクリエーション、身元引受人への連絡、金銭等管理サービス等を提供する居住施設で、**図表2-2**のように、法令で介護付き有料老人ホーム、住宅型有料老人ホーム、健康型有料老人ホームに分類されます。さらに介護付き有料老人ホームは、有料老人ホームの従業員が介護サービスを提供する一般型と、委託先の介護サービス事業者が提供する外部サービス利用型とに分かれます[13]。

図表2-2 ●有料老人ホームの類型

介護付き有料老人ホーム	一般型	介護等サービスが付いた高齢者向けの居住施設である。介護が必要になっても、当該有料老人ホームが提供する「特定施設入居者生活介護」を利用しながら、当該有料老人ホームの居室で生活を継続することが可能である（介護サービスは有料老人ホームの職員が提供する）。「特定施設入居者生活介護」の指定を受けていない有料老人ホームについては、「介護付き有料老人ホーム」と表示することはできない。
	外部サービス利用型	介護等サービスが付いた高齢者向けの居住施設である。介護が必要になっても、当該有料老人ホームが提供する「特定施設入居者生活介護」を利用しながら、当該有料老人ホームの居室で生活を継続することが可能である（有料老人ホームの職員が安否確認や計画作成等を実施し、介護サービスは委託先の介護サービス事業者が提供する）。
住宅型有料老人ホーム		生活支援等のサービスが付いた高齢者向けの居住施設である。介護が必要となった場合、入居者自身の選択により地域の訪問介護等の介護サービスを利用しながら当該有料老人ホームの居室での生活を継続していくことが可能である。
健康型有料老人ホーム		食事等のサービスが付いた高齢者向けの居住施設である。介護が必要となった場合は、契約を解除し退去しなければならない。

著者作成

（3）サービス付き高齢者向け住宅

　2011（平成23）年4月成立の「高齢者の居住の安定確保に関する法律」の改正により、2020年までにサービス付き住宅の割合を3～5％に高めるための主要施策として、国土交通省が創設したものです[14]。**図表2-3**にサービス付き高齢者向け住宅の概要を示しています。

　サービス付き高齢者向け住宅の供給促進は政府の新成長戦略にも盛り込まれており、今後10年間で60万戸を目標に整備する方針が示されています。この制度の創設に伴い、高齢者円滑入居賃貸住宅（高円賃）、高齢者専用賃貸住宅（高専賃）、高齢者向け優良賃貸住宅（高優賃）の既存3施設は廃止され、サービス付き高齢者向け住宅に一本化され、有料老人ホームも基準を満たせば登録が可能となります。

　サービス付き高齢者向け住宅の特徴は、床面積の基準が25m^2と広いところでしょう。ただし、そのために建築コストがかさむという問題があります。

　今後、超高齢社会への進行と共に高齢者ケアのニーズも増えていきますが、公的医療保険や介護保険だけで対応することは困難です。ニー

ズへの対応を補充する居住施設には、例えば高齢者が住居費、食費、管理費、生活支援費などを負担能力に応じて自己負担する住宅型有料老人ホームやサービス付き高齢者向け住宅が必要とされており、そのマーケティングが、介護福祉の分野では重要となっていくでしょう。

なお、本書では、高齢者住宅とは住宅型有料老人ホームやサービス付き高齢者向け住宅を指します。

図表2-3●サービス付き高齢者向け住宅

①登録対象	賃貸住宅もしくは有料老人ホームが基準を満たして、都道府県に登録
②登録基準	床面積(原則25m²以上)、便所・洗面設備等の設置、バリアフリー化、少なくとも安否確認と生活相談サービスの提供義務化、前払家賃等の返還ルールおよび保全措置が講じられている
③事業者の義務	登録事項の情報開示、契約前の書面での説明、誇大広告の禁止
④優遇措置	建築・改修費の直接補助、課税面の優遇措置、融資要件の緩和等
⑤指導監督	住宅管理やサービスに関する行政の指導監督強化(報告徴収、立入検査、指示等)

著者作成

確認問題

問題1 以下の文章の（ ）に適切な言葉を記入しなさい。

①介護施設サービスの特性は非有形性、（**ア**）、（**イ**）、非貯蔵性である。

②介護保険による施設サービスは、介護老人福祉施設、（**ウ**）、（**エ**）の3種類である。

③介護福祉に関わる居住型の施設（介護保険法における特定施設）としては、（**オ**）、（**カ**）、サービス付き高齢者向け住宅が代表的なものである。

④有料老人ホームは、介護付き有料老人ホーム、（**キ**）型有料老人ホーム、（**ク**）型有料老人ホームに分類される。

確認問題

解答1

ア：不可分性　イ：変動性　ウ：介護老人保健施設
エ：介護療養型医療施設　オ：ケアハウス（軽費老人ホーム）
カ：有料老人ホーム　キ：住宅（型）　ク：健康（型）

解説1

①「非有形性」とは目に見えないこと、「不可分性」とは提供する人とサービスそのものが不可分であること、「変動性」とはサービスの質が変動すること、「非貯蔵性」とは貯蔵できないことを意味します。

②介護老人福祉施設は医療上の問題がない障害を持った高齢者に、介護老人保健施設はリハビリテーションの必要な高齢者に、療養型病床群は医療の必要な高齢者に、それぞれ適しています。

③④ケアハウス（軽費老人ホーム）は車いす対応の住宅で、生活支援サービスを提供します。有料老人ホームは、厚生労働省の設置基準に従い整備するものであり、介護付き有料老人ホーム、住宅型有料老人ホーム、健康型有料老人ホームに分類されます。サービス付き高齢者向け住宅は、2011（平成23）年4月成立の「高齢者の居住の安定確保に関する法律」により創設されたものです。

第3章
戦略的マーケティング

1. 戦略的マーケティング
2. 戦略スタンス
3. 市場機会分析と市場の選択
4. マーケティング戦略とマネジメント

1 戦略的マーケティング

1 戦略的マーケティングとは

　戦略にはさまざまな定義がありますが、「現在の状態から目標に向けた計画である」ことは、すべてに共通です。戦略的マーケティングとは、ニーズやウォンツを充足する製品やサービスで市場を充足させていくプロセスを論理で示すことです。

　戦略的マーケティングのプロセスは、**図表3-1**にあるように戦略スタンスの決定に始まり、市場機会分析、市場の選択、マーケティング戦略の決定、マーケティング目標の達成までの諸活動から成ります。この章では、これらの各事項について概説していきます。

図表3-1●戦略的マーケティング

戦略スタンスの決定			
ミッション	ビジョン	バリュー	ゴール

↓

市場機会分析			
外部環境分析	内部環境分析	統合分析	

↓

市場の選択			
セグメンテーション	ターゲティング	ポジショニング	戦略ドメイン策定

↓

マーケティング戦略の決定
マーケティング・ミックス（4P：Product, Price, Place, Promotion）

↓

マーケティング目標の達成			
売上／利益	シェア	顧客満足度	従業員満足度

著者作成

2 フレームワーク思考の活用

　戦略的マーケティングでは論理的に、複雑にからみ合う事象を要素分解し、要素間の関係を明確にする構造化が必要です。そのためには、フレームワーク思考というツールが有効です。

　フレームワーク思考とは、問題解決方法や経営戦略等を作り上げていく過程で枠組み（フレームワーク）を活用する考え方で、それらをモレ、ダブリがないように効率的かつ論理的に作成していく便利なツールです[15]。本書では、さまざまなフレームワークについて紹介します。

2 戦略スタンス

1 戦略スタンスとは

　戦略スタンスには、ミッション、ビジョン、バリュー(価値)、ゴールがあります。

(1) ミッション

　ミッションは、「組織が何のために存在するか」という理由です。そのため、ミッションのなかに経営目的、経営方針、社員の行動方針が入ることが望ましいと考えられます。例えばミッションを「高齢者の安心・安全で健やかな生活を保証するために、支払い可能な費用で質の高いサービスを提供し、かけがえのない人生に貢献することを喜びとする」とした場合、経営目的は「高齢者の安心・安全で健やかな生活を保証する」ことで、経営方針は「支払い可能な費用で質の高いサービスを提供し」、従業員の行動方針は「かけがえのない人生に貢献することを喜びとする」といったものになるでしょう。

(2) ビジョン

　ビジョンは、組織がもつ長期的な展望を意味します。「高齢者が満足できる生活を送れるよう生活支援、健康支援、医療支援、介護支援の質を高めていく」といったものです。

(3) バリュー

　バリュー(価値)は、組織の決定がなされる際の優先順位を示します。例えば「サービスの提供に関しては高齢者の尊厳を尊重し、希望を最優先します」といったものです。

（4）ゴール

　ゴールは、短期的あるいは中長期的な数値目標です。この設定には「SMARTの原則」というフレームワークを使うと便利です[16]。SはSpecific（具体的であるということ）、MはMeasurable（測定可能であること）、AはAgreed upon（同意できること）、RはRealistic（現実的であること）、TはTime bound（期限を設けること）です。したがってゴールとなり得る項目としては、入居率、事故の発生件数、顧客満足度、従業員満足度、離職率、収益率などが挙げられるでしょう。

3 市場機会分析と市場の選択

1 市場機会分析

　マーケティングでは、市場の機会を明らかにするために市場機会分析を行います。市場機会分析には外部環境分析、内部環境分析、統合分析があります。

(1) 外部環境分析

　外部環境分析には、マクロ環境分析であるPEST分析[17]と、業界を分析する5つの競争要因分析[18][19]があります。

　PEST分析は、政治・法律環境（Political environment）、経済環境（Economic environment）、社会・文化環境（Social environment）、技術環境（Technological environment）という4つの視点から成ります。

　5つの競争要因分析は業界内の競争関係を明らかにするもので、**図表3-2**のように「新規参入の脅威」「代替品の脅威」「供給者の交渉力」「顧客の交渉力」「業界内の競争関係」という要因があります[19][20]。

図表3-2● 5つの競争要因分析

	新規参入の脅威	
供給者の交渉力	業界内の競争関係	顧客の交渉力
	代替品の脅威	

著者作成

（2）内部環境分析

内部環境分析には、活動を客観視するためのバリューチェーン分析、内部資源の優位性を分析するVRIO分析などがあります。

バリューチェーン（Value Chain）とは原材料の調達から製品・サービスが顧客に届くまでの業務活動の連鎖のことです。バリューチェーン分析とは、利益が生まれるまでの組織的な活動を連鎖として捉え、業務活動を客観的に分析する方法です[20)21)]。

VRIO分析とは、企業の持つ経営資源が持続的な競争優位を発揮するか否かを確認する4つの視点である経済価値（Value）、希少性（Rarity）、模倣困難性（Inimitability）、組織（Organization）を分析するものです[15)]。

（3）統合分析

統合分析には、4C分析（**図表3-3**）とSWOT分析（**図表3-4**）などがあります。

4C分析は市場要因を大きく、事業者（Company）、顧客高齢者（Customer）、競合相手（Competitor）、連携先（Combination）というフレームを作って分析するものです[22)]。

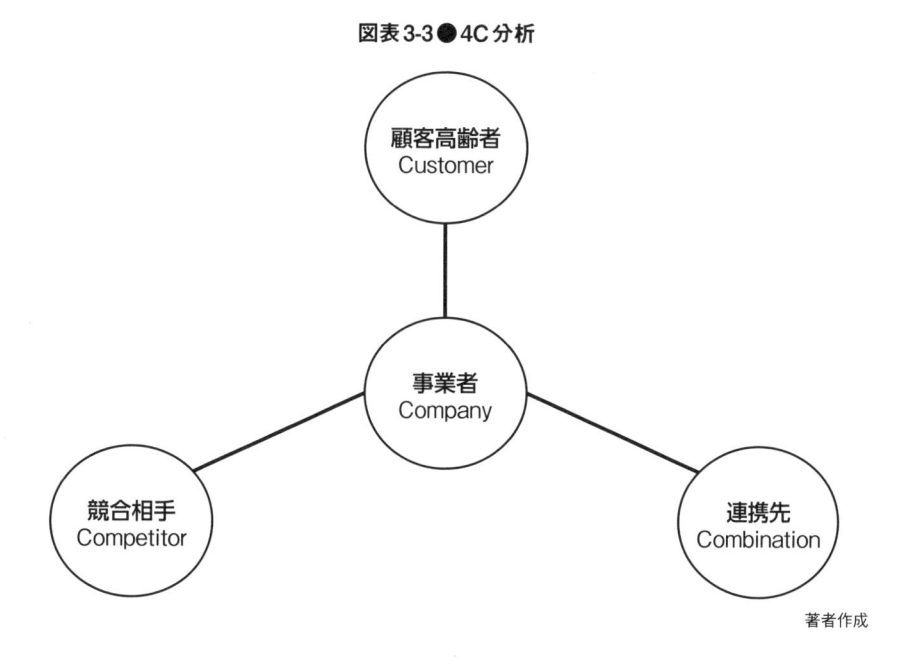

図表3-3●4C分析

顧客高齢者 Customer

事業者 Company

競合相手 Competitor

連携先 Combination

著者作成

SWOT分析（Strength and Weakness and its Environmental Opportunities and Threats Analysis：企業の強みと弱み、その環境の機会と脅威の分析）とは、市場の機会を探索するため、外部環境の機会と脅威、そして内部環境の分析により自事業者の強みと弱みを明らかにし、その両者を統合し戦略の方向と戦略課題を発見することを目的としたものです[23]。

図表3-4●SWOT分析

	好影響	悪影響
内部環境	強み	弱み
外部環境	機会	脅威

著者作成

2 市場の選択とは

市場の選択は、セグメンテーション、ターゲティング、ポジショニング、戦略ドメインの決定から成ります[2)3)]。

セグメンテーションとは、対象とする製品・サービスの市場を特定の基準に沿って、同質の小さなグループに細分化することです。そしてその市場の細分化に続いて、その細分化されたグループのどれに照準を合わせた製品・サービスを提供するかを決めるターゲティングを行います。ポジショニングは、市場分割したセグメントから選定した市場に対し、新たに製品・サービスを開発した者が、他の事業者の競合製品・サービスとの差別性・優位性を認知させ、自社製品・サービスのイメージを形成することです。

セグメンテーション、ターゲッテイング、ポジショニングを経て、戦略ドメイン（領域）を決定します。戦略ドメインは、どのような対象者に対して、事業活動の領域のどのようなサービスを行うか（行わないか）の決定です。ドメインの決定は、戦略スタンスによる「顧客に対する価値創造」という観点から決められるべきです[24]。

4 マーケティング戦略とマネジメント

1 4PとPDCAサイクル

　マーケティング戦略は、4Pとよばれる製品・サービス（Product）戦略、価格（Price）戦略、流通（Place）戦略、プロモーション（Promotion）戦略から成ります[2)3)]。これらの4要素の組み合わせをマーケティング・ミクスといいます。これらの4要素をどのように使って組み合わせを作り、目標を達成するかがマーケティング・ミクス成功のカギとなります。

　そして戦略のマネジメントのためには、このマーケティング・ミクスの現状を把握して計画を立て（Plan）、実施し（Do）、その成果を評価し（Check）、改善する（Act）システムが継続される「PDCAサイクル」を確立していることが必要となります。PDCAサイクルを効率よく回していくためには、売上と利益、シェア、顧客満足度、従業員満足度などの数値目標を決めておくことが重要です。管理し、また改善するには、測定できるものを指標にする必要があるからです。

確認問題

問題1 以下の文章の（ ）に適切な言葉を記入しなさい。

①戦略的マーケティングのプロセスは、戦略スタンスの決定に始まり、（**ア**）、市場の選択、（**イ**）の決定、マーケティング目標の達成までの諸活動から成る。

②戦略スタンスには、ミッション、ビジョン、（**ウ**）、（**エ**）がある。

③5つの競争要因分析は業界内の競争関係を明らかにするもので、「（**オ**）」「代替品の脅威」「供給者の交渉力」「顧客の交渉力」「（**カ**）」という要因から成る。

④マーケティング戦略は、4Pとよばれる製品・サービス戦略、価格戦略、（**キ**）戦略、（**ク**）戦略から成る。

確認問題

解答1

ア：市場機会分析　イ：マーケティング戦略
ウ：バリュー　エ：ゴール　オ：新規参入の脅威
カ：業界内の競争関係　キ：流通　ク：プロモーション

解説1

①戦略的マーケティングとは、目標を明確にしてニーズやウォンツを充足する製品やサービスを市場に充足させていくプロセスを論理で示すことです。

②ミッションは組織が何のために存在するかの理由、ビジョンは組織がもつ長期的な視野、バリューは組織の決定がなされる優先順位、ゴールは短期的あるいは中長期的な数値目標です。

③5つの競争要因分析は業界内の競争関係を明らかにするものであり、外部環境分析の1つです。一方、内部環境分析には、活動を客観視するためのバリューチェーン分析、内部資源の優位性を分析するVRIO分析などがあります。

④4Pと呼ばれる製品・サービス戦略、価格戦略、流通戦略、プロモーション戦略の組み合わせがマーケティング・ミクスと呼ばれ、マーケティング戦略の成功に影響を与えます。

第4章

市場機会分析

1. 外部環境分析
2. 内部環境分析
3. 統合分析

1 外部環境分析

1 企業をとりまく外部環境と競争要因

　外部環境分析とは、企業がコントロールできない外部環境の分析を行うものです。ここでは、先述したマクロ環境分析と5つの競争要因分析を取り上げ、説明していきます。

（1）マクロ環境分析

　マクロ環境分析の項目としては、前章で紹介したPEST分析のように政治・法律環境（Political environment）、経済環境（Economic environment）、社会・文化環境（Social environment）、技術環境（Technological environment）が重要ですが、介護福祉の分野では「人口環境」も重視する必要があります。

①人口環境

　介護福祉の分野では、人口動態の変化は決定的に重要です。とりわけ年齢構成（前期高齢者・後期高齢者）、家族構成（単身者・夫婦世帯・子どもと同居）、要介護度別・所得別の高齢者の数などがポイントです。

②政治・法律環境

　介護・医療の分野では、法律の改正や介護・診療報酬の改定、補助金などが大きな影響を与えます。規制緩和によって医療行為が介護従事者にも許可されたり人員配置が変更されたりすると、経営戦略の見直しも必要となってきます。例えば、サービス付き高齢者向け住宅の建築・改修への補助金交付などは経営にプラスになるでしょう。政治・法律環境の変化は今までのビジネスに新たな脅威をもたらしますが、新たなビジネスを生むきっかけにもなるのです。

③経済環境

　介護福祉の財源は、税(公費)と保険料と高齢者の自己負担です。高齢者が増加していけば、多くの財源が必要となります。今後、わが国に大きな経済発展は望めませんから、限られた財源でなんとかやりくりしていくことが必要となります。

　高齢者の社会保障には年金、医療給付費、介護給付費など巨額の財が使われています。国家財政が厳しくなれば、1人当たりの社会保障費を削減せざるを得ません。そうなれば高齢者の個人資産を介護福祉の財源として活用するための創意工夫が求められるでしょう。

④社会・文化環境

　高齢者のケアは、これまでは、狭い4人部屋に入れられて管理されるというイメージがありました。しかしながら今後は、高齢者はそういったケアには満足できないでしょう。自由と選択が保障され、生活の質に対する欲求が満たされるようなケアが求められていると思われます。

⑤技術環境

　ITなどの技術の変化も、介護福祉に大きな変化をもたらしつつあります。高齢者とのコミュニケーション、高齢者に安全を保障するセンサー、事務書類の電子化、Webによる広報などに活用されています。

(2) 5つの競争要因分析

　前章で紹介したように、5つの競争要因分析は、業界の競争構造を「新規参入の脅威」「代替品の脅威」「供給者の交渉力」「顧客の交渉力」「業界内の競争関係」に整理して分析する方法でした。

①新規参入の脅威

　業界の外部からの介護福祉分野の参入を指します。現在、企業の参入が相次いでいますが、今後もこの傾向は続くと思われます。

②代替品の脅威

　介護サービスの代替サービスの脅威です。代表的な代替サービスには医療サービスと家族によるサービスがあり、また居宅サービスと施

設サービスも代替関係にあります。

③供給者の交渉力

介護機器卸会社、介護機器メーカー、外部委託会社などの交渉力を指します。

④顧客の交渉力

顧客となる高齢者およびその家族の交渉力を指します。介護保険ではケアマネジャーが資源を配分する役割を担っているので、ケアマネジャーも顧客と考えてよいでしょう。

⑤業界内の競争関係

介護業界のなかでの競争状況を考えます。高齢化の進行に伴い介護福祉サービスの需要は増大すると予測され、まだまだ市場としては魅力があります。とりわけ居住系施設サービスへの事業者進出は増加すると考えられ、業界内の競争関係には注意が必要でしょう。

2 内部環境分析

1 事業者の強みと弱みの分析

　内部環境分析は事業者自身の強み・弱みを明らかにすることを目的としたもので、その方法には前章で紹介したバリューチェーン（Value Chain）分析とVRIO分析とがあります。

（1）バリューチェーン分析

　バリューチェーン分析とは、利益が生まれるまでの組織的な活動を連鎖として捉え、業務活動を客観的に分析する方法です[20)21)]。まず、企業の活動を大きく「主活動」と「支援活動」に分けます。製造業であれば主活動は製造に直接的に関係する業務であり、原材料の仕入れ、製品の製造・出荷、販売、アフターサービスなどがあります。そしてそれを支援する経営層と各部門の連携を行う全般管理、人事・労務管理、技術開発、資材等の調達活動などが支援活動に分類されています。

　介護福祉においては、**図表4-1**のように主活動は高齢者に対する直接的なサービスが定義づけられるでしょう。このように介護サービスを機能別に分解して捉えることによって、事業者自身の強み・弱みを相対化して把握できます。

図表4-1 ●介護福祉のバリューチェーン

主活動	予防・リハビリサービス	食事サービス	入浴・排泄介助サービス	安全・危機対応サービス	生活支援サービス	マージン
支援活動	全般管理					
	人事・労務管理					
	技術開発					
	調達活動					

著者作成

(2) VRIO分析

　VRIO分析は、競争優位性をもたらす企業の内部資源を分析する代表的な手法で、バーニー教授が提唱しました[15]。経済価値(Value)、希少性(Rarity)、模倣困難性(Inimitability)、組織(Organization)の4つの視点から評価します。

①経済価値の視点
　事業者が外部環境における機会をうまく捉え、脅威を少なくすることができるかで経営資源を評価します。

②希少性の視点
　競合する事業者がごく少数かどうかで経営資源を評価します。

③模倣困難性の視点
　競合する事業者が容易に模倣できるか否かで経営資源を評価します。

④組織の視点
　経営資源を企業が有効に活用し、良い成果を上げられる仕組みを構築できているかどうかを確認します。

　このフレームワークは、事業者が持続的な競争優位性を獲得するために、4つの視点を満たす資源を開発・蓄積していく方向性に導きます。

3 統合分析

1 4C分析

　事業者の統合分析でよく使われる「3C分析」は、市場要因を大きく自事業者（Company）、競合相手（Competitor）、そして顧客高齢者（Customer）として捉え、事業に及ぼす影響を分析していくものです[25]。

　これを介護福祉系事業者に適用する場合、地域の他の医療・福祉施設などとの連携が重要であるので、3Cに連携先（Combination）を加えて、27ページの**図表3-3**のように4C（自事業者、競合相手、顧客高齢者、連携先）というフレームワークを用いるほうが現実的です[23]。

①自事業者

　自事業者分析で必要な項目は市場シェア、ブランド・イメージ、技術力、品質、販売力、利益力、資源（人材・設備・資金）といったものです。市場シェアでは介護福祉サービスのそれぞれの種類においてどれだけのシェアがあるのか、ブランド・イメージでは地域で信頼されている事業者として認知されているのか、技術力では介護福祉サービスや他事業者との連携において技術力があるのか、品質では設備やサービスの品質はどうか、販売力では施設やサービスは利用されているのか、資源は十分あるのかなどが検討される必要があります。

②競合相手

　競合相手の分析は、競争のなかで優位に立つ可能性を高めるために行います。

　近隣には、どこに、どのような規模の介護事業者があるのかを調べ、

それぞれについて内部分析と同様の項目の分析が必要です。事業者は競合相手を分析し、それらと違う特色を検討して作りだしていかなければなりません。

また、潜在的な競合相手を知るために、業界外からの進出可能性を測るには参入難易度の検討も必要です。介護必要度が高ければ高いほど、業界外からの参入は困難になります。

③顧客高齢者

顧客高齢者の分析では、顧客のニーズやウォンツを知るために、市場規模や成長性、購買決定過程、購買決定権者、購買に影響を与える要因といったことを検討します。

市場規模や成長性を把握するには、年齢構成（前期高齢者・後期高齢者）、家族構成（単身者・夫婦世帯・子どもと同居）、要介護度別・所得別の高齢者の数などが重要になります。また、購買決定過程は介護福祉サービスの種類によって異なります。例えばデイサービス等は近隣の事業所を見学して決定する場合が多いのですが、サービス付き高齢者向け住宅では多くの住宅を見て判断する場合が多いでしょう。さらに購買決定権に関しては、自立している高齢者は本人が決定する場合が多いのですが、要介護の高齢者では家族が決定する場合が多いと思われます。購買に影響を与える要因としては価格、広さ、設備、場所などがあります。

④連携先

高齢者の生活全体を考えれば生活支援、保健、医療サービスは不可欠であり、自事業者で提供できないサービスについては地域のなかで連携先を探す必要があります。

例えば医療サービスについては、急性期・回復期の医療の提供が必要とされる場合はどこの病院と連携していけばよいのか、近隣の診療所とはどんな連携を図れるのか、高齢者福祉施設や民間の介護施設との連携、訪問看護サービス事業者、訪問介護等の介護保険サービス事業者とのネットワークをどうするかなどの検討もしなければなりません。

2 SWOT分析

　SWOT分析とは、28ページの**図表3-4**に示すように外部環境の機会と脅威、内部環境(自事業者)の強みと弱みを明らかにし、その両者を統合し戦略課題と方向を発見することを目的としたものです[23]。

　外部環境の機会と脅威では、介護報酬や診療報酬の改定動向が重要なポイントになります。内部環境の強みと弱みの分析ではバリューチェーン分析、VRIO分析、4C分析の自事業者分析が参考になるでしょう。

　他社がまねできない強みはコア・コンピタンスと呼ばれ、模倣可能性、移転可能性、代替可能性、希少性、耐久性から成るフレームワークによって評価することができます[16]。模倣可能性、移転可能性が低く、代替可能性、希少性、耐久性が高いほど、強みであると判断することが可能です。

　SWOT分析で得られた4つの要因を組み合わせて状況を分析し戦略立案を行うのが「クロスSWOT分析」です[23]。強みの強化による機会の利用と脅威への対応、弱みを強みへ改善することによる機会の利用、脅威への対応に分類できます。

確認問題

問題1 以下の文章の（　）に適切な言葉を記入しなさい。

①マクロ環境分析の項目としては、PEST分析で知られるように、(**ア**)環境、経済環境、社会・文化環境、技術環境が重要ですが、介護福祉の分野では(**イ**)環境も重視する必要がある。

②4C分析は、自事業者、顧客高齢者、(**ウ**)、(**エ**)というフレームワークで行う。

③SWOT分析は、外部環境の(**オ**)、内部環境(自事業者)の(**カ**)を明らかにし、その両者を統合し戦略課題と方向を発見することを目的としたものである。

④他事業者(他社)がまねすることのできない強みはコア・コンピタンスと呼ばれ、(**キ**)、(**ク**)、代替可能性、希少性、耐久性から成るフレームワークによって評価される。

確認問題

解答1

ア：政治・法律（環境）　イ：人口（環境）　ウ：競合相手
エ：連携先　オ：機会と脅威　カ：強みと弱み
キ：模倣可能性　ク：移転可能性

解説1

①②マクロ環境分析の項目としては、介護福祉の分野では人口環境も重視する必要があります。とりわけ、年齢構成、家族構成、要介護度、所得別の高齢者の数などが重要です。事業者の統合分析では、4C（自事業者、競合相手、顧客高齢者、連携先）というフレームワークを用いるほうが適切です。

③SWOT分析とは、外部環境の機会と脅威、自事業者の強みと弱みを明らかにします。SWOT分析で得られた4つの要因を組み合わせて状況を分析し、戦略立案を行うのがクロスSWOT分析です。それは、強みの強化における機会の利用と脅威への対応、弱みを強みへ活かす機会の利用、脅威への対応に分類できます。

④一流の強みはコア・コンピタンスと呼ばれ、模倣可能性、移転可能性が低く、代替可能性、希少性、耐久性が高いほど、強みであると判断できます。

第5章
市場の選択

1. セグメンテーション
2. ターゲティング
3. ポジショニング

1 セグメンテーション

1 ニーズ・ウォンツの分類と製品・サービスの提供

　市場の選択は事業者が資源を投入する市場を選ぶことであり、セグメンテーション、ターゲティング、ポジショニングから成ります[2)3)]。
　セグメンテーションとは、対象とする製品・サービスの市場を特定の基準に沿って、同質の小さなグループに細分化することです。
　顧客のニーズ・ウォンツは多様化しているため、1つの製品・サービスですべてのニーズ・ウォンツを満足させることはできません。とはいえ、すべての人に別々の製品・サービスを開発することもできません。そこで、共通のニーズ・ウォンツを持つ顧客をグルーピング（分類）し、それに応じた製品・サービスを提供する企画を行うことで効果的なマーケティング活動が展開できるのです。

2 セグメンテーションの基準

　コトラー氏は、セグメンテーションの基準として、①地理的基準：地域、都市または都市部、人口密度など、②人口統計学的基準：年齢、性別、家族構成、所得、職業、社会階層など、③心理学的基準：ライフスタイル、個性、好き嫌いなど、④行動上の基準：利便性、使用割合、ロイヤリティ、製品・サービスに対する態度などを挙げています[2)3)]。また市場細分化のプロセスを、①調査段階：インタビュー、ア

ンケート等によるマーケティングリサーチ等の調査を行い、顧客に関するデータを収集、②分析段階：集めたデータのグループ分け、③プロファイリング段階：各グループ・セグメントを特徴づける要因の特定、の3段階に区分しています。

(1) 地理的基準

　介護福祉サービスでは、地理的な条件である立地が重要です。居宅サービスを受ける場所は近いほうが顧客には便利です。また、高齢者住宅などの施設への入居も家族が通えるところが前提になります。

(2) 人口統計学的基準

　人口統計学的な条件については、年齢では前期高齢者・後期高齢者で区分する、所得では富裕層、厚生年金受給者などの中所得者層、国民年金受給者などの低所得者層に区分する、家族形態では、単身者、夫婦世帯、子どもと同居に区分することなどが考えられます。

(3) 心理学的基準

　心理学的な基準では、明るく前向きな高齢者と鬱傾向のある高齢者では好まれるサービスが異なります。

(4) 行動的な基準

　行動的な基準では、自宅にいてホームヘルプサービスを好む人と通所サービスを好む人などに区分できます。

(5) ニーズによる区分

　介護福祉サービスにおいては、ニーズによって分類することも必要です。例えば、①自立・健常型、②医療型、③要介護型（認知症なし）、④認知症型、あるいは②③④の混合型などに分けることができます。自立・健常型は、今は元気だが将来が不安という高齢者に対応します。医療型は、医療ニーズが高く医療機関との連携が必要な高齢者が対象です。要介護型は認知症のない要介護認定者を対象としており、重度の要介護者のケアスキルと設備が求められます。認知症型は認知症患者を対象としており、パーソンセンタードケア[26)27)]やバリデーション[28)29)]など認知症ケアのスキルをもっていることが必要です。

2 ターゲティング

1 ターゲット決定の指針となる3つのマーケティング

　市場の細分化に続いて、その細分化されたグループ・セグメントのどれに照準を合わせた製品・サービスを提供するかを決めるのがターゲティングです。ターゲティングでは各グループに対し、市場規模、ニーズ、製品・サービスおよびそれらの供給可能性、収益性を検討したうえでその優先順位をつけます。

　市場を細分化した後、どのセグメントをターゲットとするかは、①集中マーケティング、②無差別マーケティング、③差別化マーケティングの3種類により決定します[18)19)]。

　集中マーケティングとは、特定のセグメントに経営資源を集中化させ事業を特化する方法です。無差別マーケティングとは、マーケティングの効率を重視し幅広いセグメントに製品・サービスを提供する方法です。差別化マーケティングとは、複数のセグメントに異なる製品・サービスを使って行う方法です。

　例えば、医療機関が高齢者住宅のマーケティングを行う場合、医療ニーズの高い高齢者をターゲットにするのが有利であると思われます。その理由は、医療必要度が高くて自宅で暮らすことのできない高齢者が年々増加傾向にあり、そのような高齢者は介護ニーズも高いことから、公的医療保険と介護保険からの報酬を期待できるからです。

3 ポジショニング

1 ポジショニングとは

　ポジショニングとは、選定した市場の顧客に、他の事業者の競合製品・サービスに対する、自らが開発した製品・サービスの差別性・優位性のイメージを形成すること。つまり、ターゲットとする顧客の心のなかに自社製品・サービスの市場を創造することです。そして、長期間持続できる優位性を作り上げなければなりません。

2 顧客が重視する購買決定要因

　ポジショニングにおいては、ターゲットとする顧客が重視する購買決定要因を基に、競合製品・サービスに対する優位性をいかに明確化できるかを考える必要があります。高齢者住宅などに関する購買決定要因としては、価格、居室の広さ、共用施設、提供されるサービス、従業員の質、信頼度、立地条件、プロモーションなどが重要です。

　介護サービスの質では、重度の障害者、認知症患者、医療ニーズの高い高齢者のケアに関する高い技術があれば差別化できます。当然のことながら、安全・清潔・親切といったサービス面も、顧客の満足が得られれば良い評判や利用率向上につながりますので、重視しなければならないでしょう。

確認問題

問題1 以下の文章の（　）に適切な言葉を記入しなさい。

①セグメンテーションとは、対象とする製品・サービスの市場を特定の基準に沿って、（**ア**）の小さなグループに（**イ**）することである。

②セグメンテーションの基準として、地理的基準、（**ウ**）基準、（**エ**）基準、行動的な基準がある。

③どのセグメントをターゲットとするかの方法に関しては、（**オ**）マーケティング、無差別マーケティング、（**カ**）マーケティングの3種類がある。

④ポジショニングとは、ターゲットとする顧客の（**キ**）のなかに自社製品・サービスの（**ク**）を創造することである。

確認問題

解答 1

ア：同質　イ：細分化　ウ：人口統計学的（基準）
エ：心理学的（基準）　オ：集中（マーケティング）
カ：差別化（マーケティング）　キ：心　ク：市場

解説 1

①②共通のニーズ・ウォンツを持つ顧客をグルーピングするセグメンテーションを行うことによって、それに応じた製品・サービスを提供する企画を行うことで効果的なマーケティング活動ができます。

③ターゲティングでは、各市場セグメントに対し、市場規模、ニーズ、製品・サービスおよびその供給可能性、収益性を検討したうえでセグメントに優先順位をつけます。

集中マーケティングとは、特定のセグメントに経営資源を集中化させ事業を特化する方法です。無差別マーケティングとは、幅広いセグメントに製品・サービスを提供する方法です。差別化マーケティングとは、複数のセグメントに、異なる製品・サービスを使って行う方法です。

④ポジショニングとは、選定した市場のセグメントの顧客に、自らが開発した製品・サービスの差別性・優位性のイメージを形成することです。

第6章
マーケティング・ミクス

1. マーケティング・ミクス
2. 製品・サービス戦略
3. 価格戦略
4. 流通戦略
5. プロモーション戦略

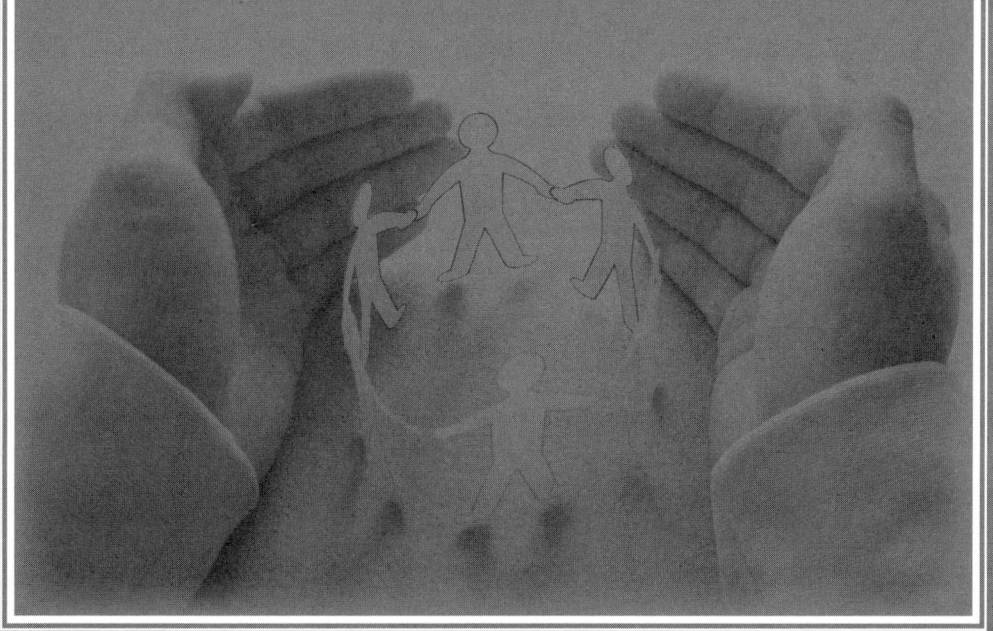

1 マーケティング・ミクス

1 マーケティング・ミクスとは

　マーケティング・ミクスとは、マーケティング目標を達成するためにいくつかのカテゴリーを組み合わせる方法です。マーケティング・ミクスのカテゴリーは、製品・サービス（Product）戦略、価格（Price）戦略、流通（Place）戦略、プロモーション（Promotion）戦略の4Pから構成されます。

　これら4Pはそれぞれ、顧客の購入に影響を及ぼす4Cである顧客の価値（Customer Value）、費用（Cost）、便利（Convenience）、コミュニケーション（Communication）に対応しています[2)3)]。

　4Pのカテゴリーをどのように組み合わせ、目標を達成するかがマーケティング・ミクスの成功のカギとなるのです。

2 製品・サービス戦略

1 ハードとソフトの製品・サービス戦略

　介護福祉における製品・サービス戦略は、施設・設備などのハードと、サービス等のソフトをどのように提供するかということになります（**図表6-1**）。

　ハードとしては、部屋の数と広さ、居室の玄関、居間、寝室、台所、洗面所、浴室、トイレ、収納室、バルコニー、共有スペースの食堂、談話室などを考慮しなければなりません。例えば有料老人ホームの居室は、有料老人ホーム設置運営指導指針で「介護居室の最低面積が13m^{2}以上」と定められています。サービス付き高齢者向け住宅の居室は広さが25m^{2}以上（共用施設が充実している場合は18m^{2}以上）でトイレ、洗面設備、台所、浴室などが必要です。一方、自立型の場合

図表6-1 ● 介護福祉系住宅で必要なハードとソフト

```
                        食事サービス
          ハードウェア       ↓
  生活支援              家庭的建築デザイン            介護サービス
  サービス       ┌─────────┬─────────┐
  安否確認、     │ 生活住民 │ 共用生活 │
  生活相談、  →  │ スペース │ スペース │  ←
  家事サービス、 │ トイレ、 │ ロビー、 │         医療・予防
  移送サービス   │ 洗面、   │ エレベーター、│       サービス
  他            │ 台所、浴室│ レストラン他│
               └─────────┴─────────┘
         安全・危機対応        文化活動サービス
         サービス
                    ソフトウェア
```

著者作成

は少なくとも40m²以上の面積が必要です。要介護者が入居する介護型施設の共用設備では、ストレッチャーが入るエレベーターが不可欠で、要介護者が入居者の過半数になると想定されれば、消防法の関係でスプリンクラーの設置も必要です。

　ソフトとしては、生活支援サービス（安否確認、生活相談、家事サービス、移送サービスなど）、食事サービス、リハビリ・入浴・排泄介助などの介護サービス、医療・予防サービス、安全・危機対応サービス、文化活動サービスなどがあります。24時間の緊急時対応体制を構築するには訪問介護事業所を併設することが必須です。

　食事サービスでは、入居者の身体機能に合わせて、栄養士により綿密に献立が作成されたソフト食、おかゆなどを提供する必要があります。入浴サービスではプライバシーを重視し、寝たきりの人、麻痺のある人なども安心して入浴できるように設備を充実させる必要があります。

　また、季節に合わせたイベント、身体を使うレクリエーションを行うことで、高齢者の季節感覚・身体感覚を維持することができます。さらに、徘徊への対応として見守りカメラを設置することや、消防法で要求される設備をすべて完備すること、人感センサーによって転倒を予防することなどで、夜間でも安全にトイレに行けるようにすると望ましいでしょう。

3 価格戦略

1 介護保険や公的医療保険以外のサービス料金

　価格戦略は、マーケティングの重要な要素です。介護保険のサービスは公定価格としての介護報酬が決められていますが、介護報酬は地域や要介護度等により変動します。また、利用者本人には1割の自己負担がかかるため、収益計画ではそのことも考慮する必要があります。

　介護保険や公的医療保険以外のサービスの料金は自由に決定できます。例えば、高齢者住宅であれば一時金、月額利用料（管理費、食費、介護費等）の設定などが該当します。一時金を多くすれば借入金は少なくて済みますが、入居率は低下するリスクがあります。適切な一時金や月額利用料は対象者の所得層で異なるので、ターゲットを富裕層、厚生年金受給層、国民年金受給層、生活保護受給層のどの層にするかを検討しなければなりません。

　医療機関が高齢者住宅を開設する場合は、医療・介護型を選択として、一時金、月額利用料の価格を抑えて低所得層でも入居できるようにするのが一般的です。診療報酬や介護報酬が期待できることと、できるだけ入居率を高めて経営リスクを低くしたいと考えているからです。

2 費用管理

　適切な価格を維持するためには費用の管理を行う必要があります。介護福祉の分野では、費用の半分以上は人件費が占めることが一般的です。人員を手厚く配置しようとすれば、その分だけ人件費も増大することになりますが、人件費比率は50～55％程度が目安となります。その範囲内に収めるには、例えば特定施設でない高齢者住宅では、管理者1人に加え日中の介護職員は10～20対1程度配置し、介護サービスは外付けで行うべきでしょう。また、夜間は宿直のスタッフ1人と介護職員1人の合計2人体制で対応できるように工夫する必要があります。

　高齢者住宅の初期投資については、土地関連コスト、建築コストに加え、家具、家電製品、ベッドなどの備品、パソコンなどの事務機器、介護保険請求ソフト等の購入費用、オープン前の広告宣伝費、開業前人件費などを計上しなければなりません。また、機器などの減価償却費も重要であり、介護福祉サービスの場合、年間の支払額の上限を総支出の10％程度と考えることが一般的です。初期投資を借り入れで賄う場合、金利設定と返済期間の設定を行います。現状では金利3％、返済期間20年を前提に元利均等の返済計画を組むのが通例です。

　費用の算定に関しては、予算の調達方法も重要です。開発方式としては、事業で土地も建物も自分たちの所有にするのか、借地に建物を自前で建てる方式でいくのか、地主に建物も建ててもらい一括で借り上げて転貸する「サブリース方式」を採るのかを決める必要があります。事業で土地も建物も自分たちの所有にする場合は借入金がかさむため、土地取得費用をどのようにファイナンスするかを検討する必要があります。一方、サブリース方式では地主に支払う賃料、借地方式の場合も借地料の設定を事前にしておかねばなりません。

4 流通戦略

1 立地の重要性

　流通とは製品・サービスを顧客に届けることで、その経路をチャネルといいます。一般の製品では卸、小売店がチャネルとなりますが、介護福祉サービスでは、サービスを提供する「場所」や連携する「事業者・機関」がチャネルとなります。

　介護福祉事業においても、流通戦略でもっとも優先すべき項目は立地です。高齢者割合、高齢者独居者数、要介護者数が多く、しかも増加している地域はニーズが高いと判断できます。また、公共交通機関の便の良さも重要です。アクセスが良ければ、入居者の家族が訪問しやすいだけでなくスタッフも通勤しやすいため、人材確保の面でも有効だからです。加えて、騒音や臭いなど入居者の生活に支障を来す要素が周辺にないかといったチェックも求められます。また駐車場は顧客、家族、従業員の分まで確保しなければなりません。なお、サービス付き高齢者向け住宅については、開設計画地が市街化調整区域にないことを確認する必要もあります。

　さらに連携する事業者や医療機関が近くにあることも重要です。介護福祉サービスの対象者はさまざまな介護・医療ニーズをもっており、介護福祉施設に入所・通所あるいは医療機関に入院・通院する必要が生じるからです。競合する施設が多くないかの調査も不可欠です。競合する施設が多く、それらの利用率が低ければ、相対的に供給過多である可能性が高いからです。

5 プロモーション戦略

1 AIDAモデル

　プロモーション戦略で参考になるモデルとして、AIDAモデルがあります。このモデルは**図表6-2**のように、製品・サービスの存在を知り（Attention）、興味をもち（Interest）、欲しいと思うようになり（Desire）、最終的に購買行動に至る（Action）という購買決定プロセスを示したものです[17]。

　このAIDAモデルに類したモデルとしてAIDMAモデルがありますが、これはAIDAモデルに動機（Motive）を加えたものです[17]。これらのモデルは、顧客の心の状態に応じてコミュニケーション方法を変えなくてはならないということを示しています。

図表6-2 ● AIDAモデル

購買決定プロセス	顧客の心の状態	コミュニケーション
関心（Attention）	知らない ↓	認知度を上げる
興味（Interest）	知っているが興味がない ↓	興味をもってもらう
欲求（Desire）	興味はあるが、欲しくはない ↓	欲しいと思ってもらう
行動（Action）	欲しいが、決心がつかない ↓ 購入する	購入意欲を喚起する

著者作成

2 プッシュとプルの手法

プロモーションの手法を「プッシュ」と「プル」の２つに分けることもよく行われます[17]。プッシュの手法は不特定多数を対象に行うものであり、プルの手法は特定の対象に行うものです。

例えば介護事業所のオープン当初に、不特定多数を対象に折り込みチラシなどを用いて宣伝を行うのがプッシュの手法です。しかしながら、この方法だけで利用率を高めることは困難と思われます。そこで活用されるのがプルの手法です。この手法は、コマーシャルや看板広告、ダイレクトメール、Webについて問い合わせてきた相手など、関心をもっている特定の対象にアプローチするものです。

介護福祉の分野では、他の介護福祉事業者や医療機関に営業を行うことが利用率を高める有効な手段となります。介護福祉のニーズのある高齢者は、介護福祉施設に入所・通所あるいは医療機関に入院・通院している可能性が高いからです。連携しやすい介護事業者や医療機関を特定化し、継続的な協力関係を構築することは経営が安定することにつながります。

3 パンフレットの有用性

営業を行う場合には、パンフレットを作っておく必要があります。せっかく営業に行っても、重要な情報が手元になければ高齢者に紹介してもらえない可能性が高くなるからです。

パンフレットに載せる情報は、高齢者住宅であれば、①オープンの時期、②運営主体・母体、③戸数、④入居対象者、⑤場所、⑥地図、⑦建物や室内の写真、⑧サービスの内容、⑨連携医療機関、⑩連絡先、⑪料金表などです。料金表には、家賃、食費、管理費などの内訳に加え、管理費のなかに何が含まれているか、水道光熱費の徴収方法、消

耗品の費用などを記載しておくと親切です。

　また、介護施設のオープン前の内覧会は高齢者（入居希望者）や他の事業者に自施設を知ってもらう良い機会となります。オープンの2〜3週間ほど前の、集客しやすい週末に開催するのが一般的です。入居希望者向けと、周辺の居宅介護支援事業所や医療機関などの事業者向けに分けて実施すると効果的です。内覧会は、介護を行う自施設のスタッフに自覚を与える機会にもなります。

4 スタッフに対するプロモーション

　スタッフ募集のプロモーションも重要です。募集のチャネルとしては紹介、公共職業安定所（ハローワーク）、折り込み広告、地域の情報誌、Webなどがあります。

　信頼できる人に紹介してもらうことは質の高いスタッフを得る確実性が高い方法です。公共職業安定所は原則として無料で登録でき、地域によっては他の募集ツールより応募者が集まります。折り込み広告や地域の情報誌は、配布の範囲や部数を指定できるため、周辺地域に限って人材を募集できる利点がありますが、費用は安いとはいえません。また、Webでのプロモーションはコストがかからないので、必ず行っておくべきです。

　人材採用に当たっては、契約内容や人柄を確認する面接が必要です。まず、すべての人に面接して勤務形態、労働時間、夜勤、土日祝日出勤などに関して希望する条件を確かめます。そして基本的マナーとしての集合時間の順守、身だしなみ、履歴書の記入内容、応接態度、会話の内容のチェックを行います。介護福祉の世界ではパソコン使用能力なども重要ですので、この確認も必要です。さらに、意欲や向上心、思いやりがあるかなどで人材を選ぶことがサービスの質を決定する要因になってきます。

確認問題

問題1 以下の文章の（　）に適切な言葉を記入しなさい。

①マーケティング・ミクスのカテゴリーである製品・サービス、価格、流通、プロモーションの4Pはそれぞれ、顧客の購入に影響を及ぼす（**ア**）、費用、（**イ**）、コミュニケーションの4Cに対応している。

②介護保険サービスは公定価格としての（**ウ**）が定められているが、同じサービスでも地域や（**エ**）等によりサービス料金は変動する。

③流通とは製品・サービスを顧客に（**オ**）ことで、その経路を（**カ**）という。

④プロモーション戦略で参考になるモデルとしてAIDAモデルがあるが、これは製品・サービスの（**キ**）、興味をもち、（**ク**）と思うようになり、最終的に購買行動に至るという購買決定プロセスを示したものである。

確認問題

解答1

ア：顧客の価値　イ：便利　ウ：介護報酬
エ：要介護度　オ：届ける　カ：チャネル
キ：存在を知り　ク：欲しい

解説1

①製品・サービス、価格、流通、プロモーション戦略においては、それぞれに対応して、顧客の価値、費用、便利、コミュニケーションを検討する必要があります。

②介護保険サービスの利用者本人の自己負担が1割であることを、収益計画では考慮する必要があります。

③流通とは製品・サービスを顧客に届けることで、その経路をチャネルといいます。介護福祉サービスでは、サービスを提供する「場所」や連携する「事業者・機関」がチャネルとなります。

④AIDAモデルは、顧客の心の状態に応じて有効なコミュニケーション方法を変えなくてはならないということを示しています。

第7章 マーケティング・リサーチ

1. マーケティング・リサーチ
2. マーケティング・リサーチの種類
3. マーケティング・リサーチの手順

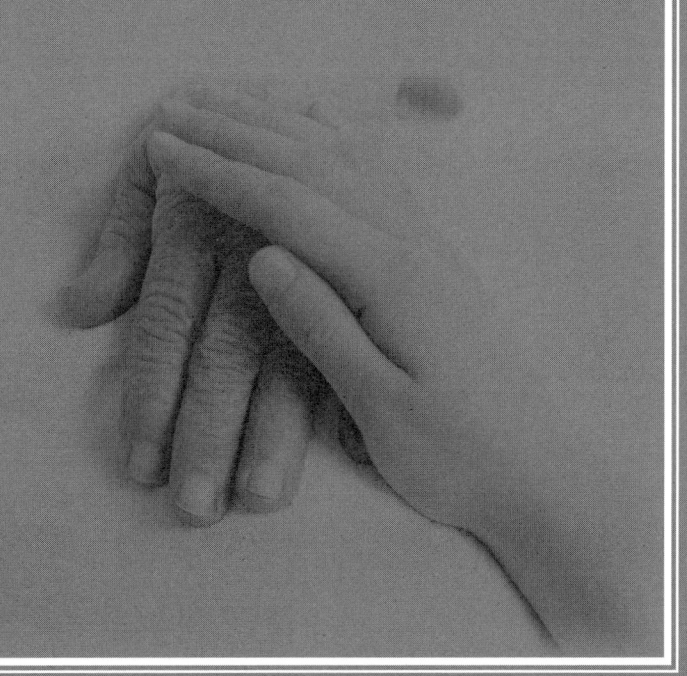

1 マーケティング・リサーチ

1 仮説の検証

　マーケティング・リサーチは、「組織が直面している特定のマーケティング状況に関するデータと結果を系統的に組み立て、収集し、分析し、報告すること」と定義されています[30)31)]。すなわち、マーケティングに関する「仮説」を「検証」し、意思決定に役立てるためにマーケティング・リサーチが存在するわけです[17)]。リサーチを有効に用いることで、リスクの軽減や課題発見につながり、社内のコミュニケーションに役立ちます。

　マーケティング・リサーチにおいては、調査設計および設問設計がもっとも重要です。目的に合致した手法や対象者を選定し、正しい手法で集めたデータを活用することが必要になります。調査設計段階での仮説立案の領域や深さの不足、設問設計の不備、調査手法や対象者選定の誤りが、調査失敗の原因となります。

2 マーケティングの項目

　図表7-1に、マーケティングの項目ごとにマーケティング・リサーチの対象を示しています。市場の機会を探る「市場機会分析」では高齢者人口、独居高齢者世帯数、高齢夫婦世帯数、要介護者認定数、介護施設数、入所率の分布、医療機関数、入院稼働率の分布、高齢者の有病率などがあります。「市場の選択」では要介護度の分布、認知症

高齢者の割合、所得の分布などがあります。顧客の認知度を向上させる「ポジショニング」では自事業者のイメージ、自事業者サービス・他事業者サービスのポジションなどが挙げられます。「製品戦略」では立地、広さ、設備、予防・リハビリ、食事、入浴・排泄介助、安全・危機対応、生活支援サービスのニーズなどが必要でしょう。「価格戦略」では価格の妥当性、許容水準、競合他事業者の価格などが、「流通戦略」では立地条件、他事業者のニーズ、医療機関のニーズなどが挙げられます。「プロモーション戦略」では広告のイメージ、キャンペーンに対する反応、他事業者・医療機関による自事業者のイメージ、紹介数などが考えられます。

図表7-1 ●マーケティング・リサーチの対象

市場機会分析	高齢者人口、独居高齢者世帯数、高齢夫婦世帯数、要介護者認定数、介護施設数、入所率の分布、医療機関数、入院稼働率の分布、高齢者の有病率
市場の選択	要介護度の分布、認知症高齢者の割合、所得の分布
ポジショニング	自者のイメージ、自者サービス・他者サービスのポジション
製品戦略	立地、広さ、設備、予防・リハビリ、食事、入浴・排泄介助、安全・危機対応、生活支援サービスのニーズ
価格戦略	価格の妥当性、許容水準、競合の価格
流通戦略	立地条件、他事業者のニーズ、医療機関のニーズ
プロモーション戦略	広告のイメージ、キャンペーンに対する反応、他事業者・医療機関の自者のイメージ、紹介数

著者作成

2 マーケティング・リサーチの種類

1 データ・調査方法の分類

　マーケティング・リサーチにはデータの出所による分類、データのタイプによる分類、調査法による分類があります[5)6)]。これらは目的によって選択する必要があります。

(1) データの出所による分類(1次データと2次データ)

　1次データとは、自らが企画・実施した調査に基づいて収集したオリジナルデータのことであり、2次データとは他の目的のために既に収集されている既存データのことです。この2次データは、内部データと外部データに分類されます。さらに、内部データには財務データ、介護報酬データ、介護記録、苦情・返品データなどがあります。また、外部データには人口動態統計、人口静態統計、将来の人口推計、要介護認定者数、介護保険事業状況報告、報告書、業界紙、専門雑誌、白書などがあります。こういった公的な外部データは、Webの厚生労働省の統計情報(http://www.mhlw.go.jp/toukei_hakusho/toukei/)で、また介護に関する情報はワムネット(http://www.wam.go.jp/iryo/)などで検索できます。

　2次データの質のチェックの指標には的確性、代表性、正確性、客観性、応用性があります[30)]。的確性では分析の目的とマッチしているか、代表性ではサンプルが母集団を代表しているか、正確性では情報が正しく把握されているか、客観性では適切な分析・解釈がなされ、その結果は客観性をもっているか、応用性では分析結果が自事業者の問題解決に応用できるかどうかが問題となります。

(2) データのタイプによる分類（定量調査と定性調査）

　定量調査は最終的に数字（実数や％など）でアウトプットされる調査であり、主に仮説検証やマーケティング上の意思決定の材料として活用されます。定性調査は数字には落とさずに言葉を中心に調査を行い、その結果を言葉のままアウトプットするものです。意思決定の構造や価値観などを分析するときに活用します。

(3) 調査方法による分類

　調査方法には、質問法、フォーカス・グループ・インタビュー[5)6)]、観察法、実験法などがあります。

①質問法

　質問法は質問を投げかけ回答を得る方法で、郵送法、面接法、電話法、留置法、インターネット法などがあります。

1) 郵送法

　郵送法は、調査票を郵送して回答済みのものを返送してもらう方法ですが、ファクシミリや電子メールなども用いられます。多くの調査対象者に送ることができ、客観的に多項目の調査ができる一方、回収率が低く郵送料や集計に費用がかかり、また集計に時間がかかるのが問題です。

2) 面接法

　面接法は調査員が対象者を訪問し、直接質問して回答を書き取る方法です。対象者が限られ、客観性が乏しく、人件費がかかりますが、詳しい情報を得ることができます。

3) 電話法

　電話法は、調査員が電話で質問して回答を得る方法で、政党支持率の調査などでよく用いられます。多くの対象者を調査することができますが、多くのマンパワーを必要とし、客観性が乏しく、多くの質問はできません。その一方で、時間がかからないというメリットもあります。

4) 留置法

　留置法は対象者を訪問して調査票の記入を依頼し、後から再び訪問

して記入済みの調査票を回収する方法です。介護福祉施設や医療機関で調査票の記入を依頼し、投函箱などで回収することもあります。多くの対象者に多項目の客観的な調査をすることができ、費用は比較的かかりませんが、回収率が低く、集計に時間がかかります。

5）インターネット法

インターネット法はWeb上で調査票に回答してもらう方法です。

一般的には多くの回答者を得るのは困難とされていますが、ポイントや景品などで動機づけをすれば比較的多くの回答者を得ることができます。客観性や正確性に問題がありますが、費用や時間がかからないというメリットがあります。

②フォーカス・グループ・インタビュー

フォーカス・グループ・インタビューとは、ターゲットとなる対象者のニーズや欲求の把握、行動パターンや製品・サービスに対するフィードバックなどを目的として行われるグループ・インタビューです。

共通の特徴を持つ何人かの人に集まってもらい、ファシリテーター（中立な立場で介入する存在）のもとで「顧客の声」を聞くことで、「ニーズやウォンツ」のための重要な情報が得られます。

例えば有料老人ホームやサービス付き高齢者向け住宅では、サービスのニーズの把握にも現在のサービスの改善のための調査にも使うことができます。

③観察法

観察法はビデオカメラやデジタルカメラを使い、高齢者の行動を観察してデータを得る方法です。例えば、介護福祉施設での高齢者の歩行状態を観察してリスクの高い高齢者や転倒しやすい場所を特定したり、認知症の高齢者を観察して症状が悪化する要因を明らかにしたりすることができます。

④実験法

実験法は製品・サービス、価格、チャネル、プロモーションなどに介入し効果を測定する方法です。例えば、高齢者の転倒予防の対策と

して、リスクの高い高齢者を特定して介入を行い、ヒヤリハットや事故の件数の変化を見たりすることなどがあります。

（4）質問回答形式

質問回答形式には**図表7-2**に示すように、自由回答法、二項選択法、多項選択法、順位質問表、評定尺度法などがあります[30]。

図表7-2●質問票の種類

自由回答法	あなたは、どのようなサービス付き高齢者住宅に住みたいと思いますか。
二項選択法	あなたは、サービス付き高齢者住宅に住みたいと思いますか。 1、思わない　　2、思う
多項選択法	あなたは、サービス付き高齢者住宅で、どのようなサービスを期待しますか。当てはまる番号に○をつけてください。 1、介護サービス　2、診療サービス　3、疾病予防サービス 4、食事サービス　5、娯楽サービス　6、外出支援サービス
順位質問法	あなたは、サービス付き高齢者住宅で、どのようなサービスを期待しますか。必要な順に1から6まで番号をつけてください。 （　）介護サービス　（　）診療サービス　（　）疾病予防サービス （　）食事サービス　（　）娯楽サービス　（　）外出支援サービス
評定尺度法	あなたは、サービス付き高齢者住宅で、疾病予防サービスが必要だと思いますか。当てはまる番号に○をつけてください。 1、そう思う　2、まあそう思う　3、どちらともいえない 4、あまりそう思わない　5、そう思わない

著者作成

自由回答法は、回答者に自由に回答してもらう方法です。さまざまな意見を得ることができますが、整理して分類する必要があり、手間がかかります。

二項選択法は2つの選択肢から1つを選ばせる方法です。1つの質問で得られる情報が乏しいために、効率が良いとはいえません。

多項選択法は複数の選択肢から選ぶ方法ですが、優先順位がつけられないという問題があります。

順位質問法は優先する順に番号をつけてもらう方法ですが、順位をつけるのは煩雑であり、回答者本人も迷いながら答えることがあります。

評点尺度法は答えやすく、優先順位もつけることができますが、1つの質問で1つの情報しか得ることができません。

3 マーケティング・リサーチの手順

1 マーケティング・リサーチの流れ

　マーケティング・リサーチは、調査目的の明確化、調査計画の策定と実行、調査結果の解釈と報告という手順を踏んで行われます[32)33)]。

（1）調査目的の明確化
　マーケティング・リサーチでは「誰が、何の目的で、どこのどういう人たちのどのような情報を、いつまでに求めているか」を明確にすることが必要です。

　そして、リサーチを有効に行うには、「検証すべき仮説」を設定しなければなりません。例えば、利用者にとって居住系施設サービスでの許容できる価格や受けたいサービスを調査したい場合、質問表を作成するには仮説が不可欠です。

（2）調査計画の策定
　マーケティング・リサーチでは目的に沿った対象を選ぶ必要があります。そして、対象であるセグメントを念頭に置いてサンプリングを行わなければなりません。セグメントを後期高齢者、単身者、自立者、厚生年金受給者、鉄道沿線の在住者等と細かくすればするほど対象がより明確になりますが、サンプル数を増やすことが困難になります。また、サンプル数を増やせば調査の正確性は向上しますが、コストがかかるのでそのバランスを考えて決定すべきです。

　調査方法は、質問法、フォーカス・グループ・インタビュー、観察法、実験法から、目的に応じて適切なものを選択する必要があります。例えば質問法であれば、郵送法、面接法、電話法、留置法、インター

ネット法などから適切なものを選択します。調査票を用意する場合、質問形式（回答方法）、質問の量、質問の表現方法、謝礼の有無などによって回収率が大きく変わってきます。なお、回答者が答えやすく、負担にならず、プライバシーに配慮した調査票にしなければなりません。

（3）調査計画の実行

実行の段階は情報の収集・処理・分析です。それぞれ内部のスタッフを用いて行うか、外部の業者に委託するかのいずれかの方法があります。

情報の収集においては、適切に正確な情報が得られるようにマネジメントをする必要があります。

データの処理ではデータが正確であることを確認して、質問票の回答内容をコード化し、データを電子化しなければなりません。

分析では単純集計、クロス集計（属性などの変数ごとに回答結果を集計）、グラフの作成が不可欠です。また、2つの変数間の相関を見ることから、深い解釈を得ることもできます。このような作業を通じて、その結果から何が言えるのかを検討することが重要です。

（4）調査結果の解釈と報告

リサーチ結果をマーケティング戦略に反映するには、報告書を作成し、プレゼンテーションを行い、意思決定者や関係者に伝える必要があります。その際にはメッセージを明確にし、グラフや表なども効果的に使いながら事実を提示するとともに、マーケティングの施策において「何をどうしたらよいか」の提案まで行うことが求められます。

確認問題

問題1 以下の文章の（　）に適切な言葉を記入しなさい。

①マーケティングに関する「仮説」を「（**ア**）」し、（**イ**）に役立てるために、マーケティング・リサーチが存在する。

②2次データの質のチェックの指標には、（**ウ**）、（**エ**）、正確性、客観性、応用性がある。

③質問回答形式には、自由回答法、二項選択法、多項選択法、（**オ**）、（**カ**）等がある。

④マーケティング・リサーチの手順には、（**キ**）の明確化、（**ク**）の策定と実行、調査結果の解釈と報告がある。

確認問題

解答1

ア：検証　イ：意思決定　ウ：的確性
エ：代表性　オ：順位質問法　カ：評定尺度法
キ：調査目的　ク：調査計画

解説1

①マーケティングに関する「仮説」を「検証」し、意思決定に役立てるために、マーケティング・リサーチを行いますが、リスクの軽減、課題発見、社内のコミュニケーションなどにも役立ちます。

②2次データの評価指標において、的確性では分析の目的とマッチしているか、代表性ではサンプルが母集団を代表しているか、正確性では情報が正しく把握されているか、客観性では結果は客観性をもっているか、応用性では分析結果が自己の問題解決に応用できるかを検討します。

③質問回答形式では、自由回答法は多くの情報を得ることができますが整理にコストがかかり、二項選択法は情報が少なく効率が良いとはいえません。多項選択法は優先順位がつけられないという問題があり、順位質問法は順位をつけるのが煩雑です。評点尺度法は、答えやすく、優先順位もつけることができます。

④マーケティング・リサーチでは、「誰が、何の目的で、どこのどういう人たちのどのような情報を、いつまでに求めているか」の調査目的を明確にする必要があります。

第8章 ソーシャル・マーケティング

1. ソーシャル・マーケティング
2. ソーシャル・マーケティングにおける4P
3. ソーシャル・マーケティングが成功するための条件
4. ホームベース型健康支援

1 ソーシャル・マーケティング

1 対象者に影響を与え行動させる手法

　ソーシャル・マーケティングとは「社会(公衆衛生、安全、環境、コミュニティ)に便益をもたらすターゲットの行動に対して、影響を与えるために価値を創造し、伝達し、提供させるというマーケティングの原理および手法を適用するプロセス」です[33)34)]。

　ソーシャル・マーケティングは、1970年代に主に発展途上国での家族計画や栄養改善プログラム、先進国での心臓血管疾患減少のための国家や地域レベルでの健康キャンペーンに取り入れられ、現在では肥満、運動不足、摂食障害、飲酒運転、シートベルト、銃保管、水保全、ゴミ、省エネルギーの問題などに応用されています。

　ソーシャル・マーケティングでは、対象者の行動そのものに影響を及ぼすことを目標にしています。したがって、単に対象者に知識を伝えればよいということではなく、対象者の行動が実際に変わる必要があります。例えば、高齢者の疾病予防やリハビリテーションのためには、本人が自分で行動する必要があります。そのようなときに適用できるのが、ソーシャル・マーケティングなのです。

2 ソーシャル・マーケティングにおける4P

1 セグメンテーションと4P

　マーケティング・ミクスの4Pは製品・サービス、価格、流通、プロモーションでした。マーケティングでは、これらを組み合わせて顧客のニーズにマッチさせることを考えます。

(1) 製品・サービス
「製品・サービス」は、ニーズやウォンツを満足させるものです。すなわち、形のあるなしに関わらず、人のニーズやウォンツを満たすことのできるものはすべて「製品・サービス」と呼びます。

　疾病予防やリハビリテーションのプログラムでは、介護福祉スタッフが勧める健康に良いとされる行動を対象者に採用してもらう必要があります。この「勧める行動を採用してもらう」ということを、「勧める製品・サービスを購入してもらう」ことになぞらえて、マーケティングの考え方や技術を「健康に良い行動を採用してもらう」ための疾病予防やリハビリテーションのプログラムに応用することができるのです[35]。

(2) 価格
「価格」は、対象者がその行動を採用するために差し出さなくてはいけないものである「お金、時間、努力、古い習慣、感情的なコスト」をいいます。

(3) 流通
「流通」は、疾病予防やリハビリテーションに関する情報やメッセージを「いつどこで」得て、「いつどこで」その行動を行うのかというこ

とです。

(4) プロモーション

「プロモーション」は、対象者がその行動を採用することを促進させるための広告、特別なイベント、エンターテインメントやコンテストの利用、褒美などの「工夫」のことです。

マーケティングでは、対象とする層を特定の基準で分割するセグメンテーションを行います。セグメンテーションを行う理由は、ターゲットとなる消費者層を似た者同士でグループ分けし、そのグループに対して製品・サービス、価格、流通、プロモーションを考えたほうが効率的であるからです。

行動変容に関する4つのPの組み合わせは、対象とするグループによっておのずと異なってくると考えられます。高血圧、糖尿病、脳卒中の既往の有無、身体の障害の有無、認知症の有無などに応じて、それぞれ組み合わせを工夫する必要があるでしょう。

3 ソーシャル・マーケティングが成功するための条件

1 対象者のニーズの把握

　疾病予防やリハビリテーションのプログラムを成功させるためには、対象者の話を聞きニーズは何か、介護福祉スタッフが勧める行動に対してどう考え、どう感じているのか、彼らの行動を変えるのにもっとも影響することや行動変容を妨げているものは何なのかを調べ、そのうえで対象者のニーズや価値観に合うような形のプログラムを提供することが必要です。介護福祉スタッフが対象者に勧める行動が対象者のニーズを満たすものであるとき、その行動が採用される可能性が高くなります。

2 ポジショニングの提示

　マーケティングを考える際には常に「競争相手」を意識する必要があります。この競争相手に対して優位な立場になって初めて「勧める行動を採用してもらう」ことになります。「ポジショニング」とは、消費者の心の中で勧める行動を採用してもらうポジションを得られるよう計画して働きかけることや、勧める行動が他の行動よりも魅力的であることを示すことです。例えば「毎日散歩をする」の競争相手は「部屋でじっとしている」です。毎日散歩をして疾病のリスクを減らし、スタッフや仲間から評価してもらったほうが部屋でじっとしているより良いポジションを得られるような戦略を練る必要があるのです。

4 ホームベース型健康支援

1 ホームベース型健康支援を成す3要素

　筆者は、「ホームベース型健康支援」を生活習慣の行動変容に用いています。これは、「自らの生活の場という安心安定した環境のなかで、本人自身の内発的動機づけを尊重し、支援者は本人ができることをできるように支援し、目標達成型で行動変容を行い、新しいライフスタイル（ホームベース）を目指す」と定義づけられます[36]。

　ホームベース型健康支援は、より健康的な生活習慣を採用してもらうことを目標とします。例えば「毎日5,000歩を歩く」「毎日1食はきちんと食事する」「1日1回は、食事を作ってくれる人に感謝しながら、楽しく食べる」といったもので良いのです[9]。大切なことは、本人が無理なくできて、疾病や障害の予防にもなり、本人のQOL（Quality of Life：生活の質・人生の質）を向上させるものを選択肢とすることです。

　「成功体験」に導くホームベース型健康支援の3要素は、計画的行動理論[37)38]を応用して、①前向きの態度、②自己効力感、③周囲からの支援、としています。

（1）前向きの態度

　前向きの態度とは行動変容に積極的になることですが、食生活改善に前向きになってもらうためには「ステージモデル」[39]と「健康信念モデル」[40]を用います。「ステージモデル」は、行動変容のための心の準備状態の評価に用います。図表8-1に示すように、「無関心期」、「関心期」、「準備期」、「実行期」、「維持期」という5つに分類します。

図表8-1 ●ステージモデル

ステージ	消費者の心の状態	支援内容
無関心期	行動変容の必要性を感じない	必要性の情報提供
関心期	必要性を感じ始める	行動変容への自信付与
準備期	情報などを収集する	計画支援
実行期	実行している	実行支援
維持期	継続してる	継続支援

著者作成

　こうした本人の心の準備状態を理解することで、行動変容を支援することが容易になります。「無関心期」には行動変容の必要性についての情報提供、「関心期」には行動変容への自信付与、「準備期」には計画支援、「実行期」には実行支援、「維持期」には継続支援、というように本人のステージに応じた支援をすることが期待されています。
　次に「健康信念モデル」(**図表8-2**)によって、本人に行動変容の「有益性」が「障害」を上回ることを認識してもらいながら、本人が健康に良いとされる行動をとる可能性を高めます。「有益性」は疾病にかかる危険度の減少や生活の質の向上などであり、「障害」は「面倒である」「お金がかかる」「時間がかかる」といったものです。

図表8-2 ●健康信念モデル

著者作成

（2）自己効力感

　自己効力感は、「自己効力理論」によって定義された言葉です[41]。「自己効力理論」では、結果期待と自己効力感が人間の行動に影響すると考えます。ある行動が望ましい結果をもたらすという期待が結果期待で、その行動をうまくやれる自信が自己効力感です。この自己効力感を得てもらうには、「無理なくできそうである」と認知される必要があります。したがって、「一生懸命に頑張る」とか「我慢する」というのでは自己効力感を得ることは困難です。

（3）周囲からの支援

　周囲からの支援は「ある人を取り巻く、重要な他者からのさまざまな形の援助によって、本人が自律的に目標を達成できるようエンパワメントする」ことで、図表8-3のように「情動的支援」と「手段的支援」に分類できます[42]。「情動的支援」は共感、愛情、信頼、敬意を示す共感的支援と、本人の行動、考え方、生き方について肯定的な評価を行う評価的支援から成ります。一方「手段的支援」は、本人の役に立つアドバイスや情報を提供する情報的支援と、物や行動で支援する道具的支援から成ります。

図表8-3●周囲からの支援

主分類	副分類	支援内容
情動的支援	共感的支援	共感、愛情、信頼、敬意を示す
情動的支援	評価的支援	本人の行動、考え方、生き方を評価
手段的支援	情報的支援	役に立つアドバイスや情報を提供
手段的支援	道具的支援	物や行動で支援

著者作成

　低栄養状態の高齢者が対象であれば、定期的に食事をすることの必要性を理解してもらい、食事をしようという気になってもらうのが「前向きの態度」への支援です。「周囲からの支援」の情動的支援では本人が食べようとしていることを評価する評価的支援を行い、また手段的支援ではソフト食やとろみの付いた嚥下しやすい食事を提供すると

いった道具的支援を行うことで、不安なく食事ができるような「自己効力感」をもってもらうことが可能となります。

　ホームベース型健康支援は、以下のようなフレームワークから構成されています。

H：Home（自らの生活の場）という「安心・安定」した環境の下で、
O：Own（本人自ら）の内発的動機づけを尊重し、
M：Mental Health（メンタルヘルス）に配慮して、
E：Self-Efficacy（自己効力感）を高める。
B：Planned Behavior Model（計画的行動理論）を応用し、
A：Aim（目標）達成型で行動変容を促進し、
S：Social Support（周囲からの支援）を組み立て、
E：Home Base（新しいライフスタイル）を目指して
　　Empowerment（エンパワメント）する。

確認問題

問題1 以下の文章の（　）に適切な言葉を記入しなさい。

①ソーシャル・マーケティングでは、対象者の（**ア**）そのものに影響を及ぼすことを目標にしている。単に対象者に（**イ**）を伝えればよいということではなく、対象者の（**ア**）が実際に変わる必要がある。

②「ステージモデル」は、行動変容の必要性をまったく考えていない「無関心期」、必要性を感じ始める「（**ウ**）」、情報などを収集する「（**エ**）」、行動変容を行っている「実行期」、その状態を継続する「維持期」という5つのステージに分類する。

③「情動的支援」は、共感、愛情、信頼、敬意を示す（**オ**）と、本人の行動、考え方、生き方について肯定的な評価を行う（**カ**）から成る。

確認問題

解答1

ア：行動　イ：知識　ウ：関心期
エ：準備期　オ：共感的支援
カ：評価的支援

解説1

①ソーシャル・マーケティングとは、社会に便益をもたらすターゲットの行動に対して、影響を与えるために価値を創造し、伝達し、提供させるというマーケティングの原理および手法を適用するプロセスです。

②「ステージモデル」では、「無関心期」には「行動変容の必要性についての情報提供」、「関心期」には「行動変容への自信付与」、「準備期」には「計画支援」、「実行期」には「実行支援」、「維持期」には「継続支援」をすることが期待されています。

③「周囲からの支援」は、「情動的支援」と「手段的支援」に分類でき、「情動的支援」は「共感的支援」と「評価的支援」、「手段的支援」は「情報的支援」と「道具的支援」から成ります。

第9章
顧客満足度と従業員満足度

1. 顧客満足度
2. 顧客満足度の測定と活用方法
3. サービス・プロフィット・チェーン
4. 従業員満足度と生産性の向上

1 顧客満足度

1 期待と経験との比較による満足度

　マーケティングは、顧客に対して価値を生み出す仕組みといえ、顧客の創造と維持[4]を行う必要があります。そのため「顧客満足度（CS：Customer Satisfaction）」の向上は重要な目標となります。

　顧客満足は「企業、製品、もしくはサービスに対する顧客の期待と、それらの達成度に対する顧客の知覚の差によって生じる感情」と定義されます[43]。「満足」とは極めて主観的な評価です。一般に製品・サービスの評価は、顧客側の事前期待と実際に経験したものとの比較によって決まるといわれています。

　したがって顧客は、製品・サービスが期待に合致するか、もしくはそれ以上であれば満足しますが、そうでなければ不満を覚えることになります。

2 顧客の不安への対応

　また同じサービスでも、期待度の程度によって満足に至るかどうかが決まります。さらに期待度だけでなく、顧客である高齢者の感情によっても満足の度合いは異なります。そのなかでも重要なポイントは顧客の不安への対応であると思われます。

　高齢者は心ならずも心身に障害を持ち、介護福祉サービスの利用者になりますが、多少なりとも施設の生活やサービスに不安を感じてい

ます。したがって介護福祉サービスにおける基本は、顧客満足度の向上の前に高齢者の不安を取り除くことから始めることが重要になってきます。

　まずは言葉かけによる安心感を与えると同時に、本人が安定・安心できるような基本的な環境（暖かい衣服、食事、暖かい居場所）を整えること。近づくときや働きかけるときには、必ず声をかけるなどして許可を取ることが肝要です。相手から何をするかを伝えられ、そのとおりに事が運ぶと安心感や信頼感がもたらされます。

　不安の強い高齢者には当面、本人が満ち足りることを優先し、その心を察して配慮するような「母親的な1対1の対応」が望ましいと思われます[9]。

2 顧客満足度の測定と活用方法

1 モニタリング・ツールとしての顧客満足度調査

　顧客満足度の測定は介護福祉サービスの質評価の重要な要素であり、高齢者側からの意見・評価を得ようとする試みは介護福祉の世界に広く普及しています。しかし、高齢者の意見・評価をどこまで受け入れるかについては議論の余地があります。

　顧客満足を定量的に測定することは必要ですが、「満足」とは極めて主観的な評価で、事前期待や感情など多くの要素が絡み合ったものです。また顧客は必ずしも専門知識を有さず、評価の優先順位も専門家とは異なります。そのため、顧客満足度調査を過大評価することはできません。

　しかし、顧客満足度は、提供しているサービスが顧客のニーズやウォンツと合致しているか、顧客に満足してもらっているかの重要な情報です。介護福祉施設において顧客満足度調査を行う場合は、それはサービス向上の達成度を追っていくモニタリング・ツールとして利用する手段であると理解しておく必要があります。効果的なモニタリング・ツールとするためには、サービスに関する「顧客満足度調査」を定期的に実施していくことが不可欠です。

2 調査の質問内容

　顧客満足度調査を行う際は、質問分野、質問内容、回答形式を決め

ます。介護福祉の質問分野では、①利用手続きに関すること、②サービス提供体制、③サービスの内容、④職員の対応、⑤総合的な評価、等の項目が挙げられるでしょう。**図表9-1**に顧客満足度調査の質問の例を示しましたが、事業所の特性によって質問内容を変える必要があります。

図表9-1 ●患者満足度調査の質問

①利用手続きに関すること
1. 利用手続きの説明は満足していますか
2. サービスの内容についてはわかりやすかったですか
3. 計画作成の際はご本人や家族のご要望、生活環境の話を十分に聞いてもらえましたか
4. 苦情受け付けの説明には満足できていますか

②サービス提供体制
1. 当事業所の設備には満足していますか
2. 当事業所のスタッフ数は足りていると思いますか
3. 他の事業所や医療機関と連携できていると思いますか
4. サービスについて相談したり、要望したりできていますか

③サービスの内容
1. 本人の気分や体調を観察していると思いますか
2. リハビリサービスの内容には満足していますか
3. 食事サービスの内容には満足していますか
4. 入浴サービスの内容には満足していますか

④職員の対応
1. プライバシーが守られていますか
2. 職員の言葉遣いは適切ですか
3. 気兼ねなく職員に話しかけることができますか
4. 職員はご本人の話を十分聞いてくれますか

⑤総合的な評価
1. この事業所を利用して、ご本人・ご家族の心身の状態や生活の不安は軽くなりましたか
2. この事業所の職員の専門性に満足していますか
3. 全体的に見て、この事業所に満足していますか
4. この事業所を引き続き利用したいですか

著者作成

　それぞれの質問内容については [1 そう思う　2 だいたいそう思う　3 あまりそう思わない　4 そう思わない] という選択肢を設け、それぞれ順に3点、2点、1点、0点を割り振ります。集計して平均値を算出すると、最終的にはどの項目の顧客満足度が高く、どの項目が低いかといったことが把握でき、また経年的な変化もわかります。

定期的に顧客満足度を測定することによって、介護福祉スタッフは問題点に気づき、改善するきっかけを得られるとともに、時系列で比較することによりサービスの質が向上しているかどうかを判断することができます。

3 サービス・プロフィット・チェーン

1 従業員満足度の必要性

　サービスの提供においては、サービス提供者と顧客が共同作業を行いますので、相互作用は避けられません。顧客から感謝されればサービス提供者は前向きになりますが、不満の感情をあらわにされるとやる気は萎えてしまいます。一方、仕事に不満をもっている従業員は、顧客を満足させることが難しくなります。介護サービスの向上は、高齢者と直接関わる従業員の意識が大きな影響を与えるのです。

　サービス・プロフィット・チェーンは、**図表9-2**に示すように、従業員満足度（ES：Employee Satisfaction）がサービスの価値の向上を高め、顧客満足度を上げ、顧客ロイヤルティを高め、利益（プロフィット）を生むという循環の様子を示しています[44]。高品質のサービスは、顧客ロイヤルティの高い従業員によって生産されますが、ロイヤルティの高い従業員を育成・確保するためには従業員満足度を高めなければなりません。

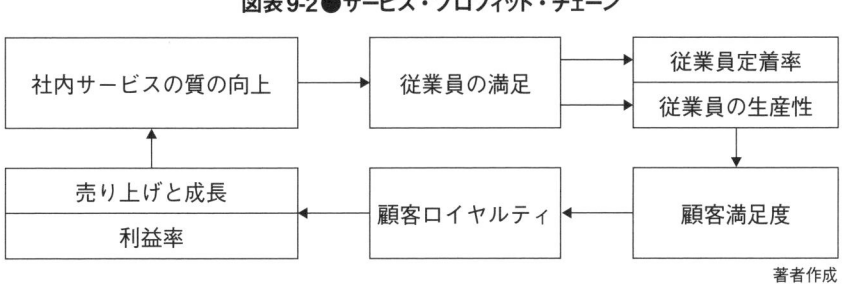

図表9-2 ● サービス・プロフィット・チェーン

社内サービスの質の向上 → 従業員の満足 → 従業員定着率／従業員の生産性 → 顧客満足度 → 顧客ロイヤルティ → 売り上げと成長／利益率 → 社内サービスの質の向上

著者作成

2 従業員満足度の調査

　サービスの質と顧客満足度を確保するためには、従業員の定着率、生産性が重要な要素となります。従業員の離職率が高くては、安定した質の高いサービスは提供できません。職場の定着率を高めるには、業務のマネジメント、従業員の人間関係、労働条件、従業員の採用選考方法と教育、従業員の評価と報酬、福利厚生などのマネジメントが重要です。**図表9-3**に従業員満足度調査の質問の例を示しましたが、調査結果を従業員にフィードバックしていくことも不可欠です。

図表9-3●従業員満足度調査の質問

①業務のマネジメント
1　業務の分担ははっきりしている
2　業務の権限が与えられている
3　従業員同士の連携はうまくいっている
4　他の施設との連携はうまくいっている

②従業員の人間関係
1　上司とのコミュニケーションは良い
2　職場で尊敬できる人がいる
3　従業員同士の雰囲気は良い
4　従業員同士で意見を交わしている

③労働条件
1　勤務時間に納得している
2　給与に納得している
3　福利厚生に納得している
4　研修は受けられている

④総合的な評価
1　仕事にやりがいを感じている
2　仕事が楽しい
3　職場での評価に納得している
4　仕事を続けていきたい

著者作成

4 従業員満足度と生産性の向上

1 利害の一致と従業員満足度・生産性

　介護福祉施設は、業務のマネジメント、従業員の人間関係、労働条件、従業員の採用選考方法と教育、従業員の評価と報酬、福利厚生などについての従業員満足度結果に応じて対策を検討することになります。

　しかし業務のマネジメント、従業員の採用選考方法と教育などの対策は可能ですが、従業員の人間関係といった問題は介入が困難なことがあります。従業員の労働条件、報酬や福利厚生などの改善は財源的に限界があります。また、報酬などを上げて外的な動機づけを強めれば生産性が高まるかといえば、必ずしもそうではありません。組織の一人ひとりがいくら優秀でも、利害が一致せずお互い協力し合わなければ、従業員満足度も生産性も高くなることはありません。

2 リーダーシップの3要素

　組織とすれば、従業員満足度と生産性の双方を高める必要があります。それには上司のリーダーシップが重要だと思われます。

　ジョン・コッターによるリーダーシップの変革型アプローチは、教えることによってスタッフの意思を変化させ、組織全体をよみがえらせ、変革することを目指すものです[45)46)]。コッターの研究による3つのリーダーシップの要素は、①針路を決定する（ビジョンの形成）、

②社員の心を1つにする、③社員を動機づける、から成り立っています。

社員＝従業員の動機づけにはエンパワメントが重要です。エンパワメントは、本人が目標を達成するために自律的に行動する力を付与することです[47]。このためリーダーは、従業員に対して目標の明確化や自主的な判断による方法選択といった「自律性」を促し、従業員による問題解決や目標達成可能な環境を整えるような「支援」をすることが求められます。

リーダーは従業員と同じ目線の高さで、本人の思考過程に合わせて支援を行い、従業員の問いかけに対するフィードバックをすることが望まれます。したがって、リーダーには上手な傾聴と問いかけが必須となります。加えて、従業員同士の互いの支援も動機づける必要があります。

確認問題

問題1 以下の文章の（　）に適切な言葉を記入しなさい。

①顧客は、製品・サービスが(**ア**)に合致するか、もしくはそれ以上であれば満足しますが、そうでなければ(**イ**)を覚えることになる。

②サービス・プロフィット・チェーンでは、(**ウ**)がサービスの価値の向上を高め、顧客満足度を上げ、顧客ロイヤルティを高め、(**エ**)を生むという循環の様子を示している。

③サービスの質と顧客満足度を確保するためには、従業員の(**オ**)、生産性が重要な要素となる。従業員の(**カ**)が高くては、安定した質の高いサービスは提供できない。

④エンパワメントは、本人が(**キ**)を達成するために(**ク**)に行動する力を付与することである。

確認問題

解答1

ア:期待　イ:不満　ウ:従業員満足度
エ:利益　オ:定着率　カ:離職率
キ:目標　ク:自律的

解説1

①サービスの評価は顧客の側の事前期待と実際に経験したサービスとの比較によって決まるといわれています。事前の期待にかなうサービスが得られないと不満の原因となり、期待以上のサービスを得ると満足を得ます。

②サービス・プロフィット・チェーンでは、高品質のサービスはロイヤルティの高い従業員によって生産され、それを可能とするためには従業員満足を高めなければならないことが前提となっています。

③従業員の離職率が高くては、安定した質の高いサービスは提供できませんので、業務のマネジメント、従業員の人間関係、労働条件、従業員の採用選考方法と教育、従業員の評価と報酬、福利厚生の改善などのマネジメントが重要になってきます。

④リーダーは、従業員に対して目標の明確化や自主的な判断による方法選択といった自律性を促し、従業員による問題解決や目標達成可能な環境を整えるような支援をすることが求められます。

第10章

戦略理論①
競争戦略

1 競争戦略

2 競争戦略における競争位置

3 競争戦略の決定

1 競争戦略

1 マイケル・ポーターの「競争優位の戦略」モデル

　競争戦略とは、「競争の発生する基本的な場所において、有利な競争的位置を探すこと」を指します[20)21)]。もっとも知られているモデルに、マイケル・ポーターの「競争優位の戦略」モデルがあります[20)21)]。

　この競争優位の戦略モデルによれば、競争戦略の狙いは、「業界の競争状況を左右するいくつかの要因をうまくかいくぐって、収益をもたらす確固とした位置を確立すること」とされています。事業者が提供する製品・サービスが、他社のものをしのいで顧客に購買され、しかも長期的に購買が続くような仕組みを創り上げていくことが競争戦略です。

2 競争戦略における競争位置

1 自身の競争位置

多くの事業者は競争にさらされており、自身の競争位置によって戦略を検討する必要があります。競争位置は、①マーケットリーダー、②市場挑戦者、③市場支持者、④特定市場挑戦者に分類できます[21)22)]。

(1) マーケットリーダー

全国的に介護福祉事業を展開する事業者がこれに当たります。マーケットリーダーは、最大の市場占有率をもって、市場で競争者を支配する組織であろうとします。市場規模が拡大しているような業種では、マーケットリーダーはその恩恵を受けることができます。

市場規模を拡大することを目的として、狙う客層を拡大するために製品・サービスを見直し、顧客を定義し直すことで新規顧客を増加させることが可能です。また、製品・サービスの範囲を増やして顧客1人当たりの購入量を増加させることや、顧客1人当たりの平均購買単価を上げる選択肢もあり得ます。

さらに、市場規模が拡大していれば種類や価格帯を増やしたりすることでシェアの拡大あるいは維持を狙うことも可能です。

(2) 市場挑戦者

市場挑戦者は、マーケティング・ミックスである製品・サービス、価格、流通、プロモーションを工夫することでマーケットリーダーに挑戦することができます。マーケットリーダーの弱みとする製品・サービス、地域などに挑み、適切な差別化を図ることが一般的な戦略です。

(3) 市場支持者

市場支持者は、マーケットリーダーを模倣することによって市場で競争します。製品・サービスによる差別化が困難なビジネスで、この戦略は成功する可能性が高いと考えられます。

迅速な模倣とコストの削減によって効率化を行い、利潤を上げていきます。

(4) 特定市場挑戦者

特定市場挑戦者は、大資本やその業界のリーダーが参入してこない特定の狭い市場を探して経営資源を集中させることで、高い専門性や高いブランド力を構築します。

介護福祉の分野では、高い専門性が必要なサービスのニーズがあります。認知症や重い障害をもつ高齢者、糖尿病や心臓病などをもつ医療ニーズの高い高齢者を対象としてケアを行うことができれば、競争力を得ることができるでしょう。

3 競争戦略の決定

1 競争戦略の3類型

　各事業分野において、経営資源を有効活用して、競争優位性を確立する手段を決定していく競争戦略には、①コスト・リーダーシップ、②差別化、③集中化の3類型があります[20)21)]。

(1) コスト・リーダーシップ

　コスト・リーダーシップは、「コスト面で最優位に立つ」という基本目的に向けた対策を実行することにより競争優位を確立しようとする戦略です。この戦略を遂行するためには、効率的な規模の生産設備の開発・導入、経験の蓄積によるコスト削減策の追求、直接コストと間接コストの合理的な管理、研究開発・セールス活動・広告の面でのコスト最小化を図ることなどが必要です。

　コスト優位を実現していくためには、①規模の経済性(エコノミー・オブ・スケール)、②範囲の経済性(エコノミー・オブ・スコープ)、③習熟効果(エクスペリエンス・カーブ)といったフレームワークで考えていくことが有効です[20)21)]。

①規模の経済性(エコノミー・オブ・スケール)

　「規模を大きくして、固定費を分散させる」という考え方です。企業コストは、生産性に関わらない固定費と生産量に比例する変動費とに分けられます。例えばサービス付き高齢者向け住宅には、規模に関わらず最低限のスタッフは必要ですが、入居者数に比例して増やす必要はありません。有料老人ホームにおいても、ロビー、浴室、健康増進室、食堂等の共用施設の延べ床面積は、入居定員数に比例するわけで

はありません。したがって、有料老人ホームやサービス付き高齢者向け住宅は、高い入居率が見込めるのであれば、規模の経済性を考えることが重要になってきます。

②範囲の経済性（エコノミー・オブ・スコープ）

組織が複数の事業活動を持つことで、より経済的な事業運営が可能になることをいいます。すなわち経営資源を共有して多様な事業を行うことによって経営効果を高めることになります。例えば、医療機関に訪問看護ステーション、介護施設、高齢者住宅を併設すれば、夜勤機能、給食機能、事務機能、訪問診療、訪問看護、居宅介護サービスなど共有できるものが広がります。

③習熟効果（エクスペリエンス・カーブ）

経験の累積量が増えるほどコスト低下に結びつくという経験効果の考え方によるものです。例えば、従業員がサービス業務のなかで学習を積み、業務プロセス遂行タイムを短縮化し業務プロセスを効率化していくことが該当します。この結果、顧客満足度も高まることになります。

（2）差別化

差別化は、自事業者の製品・サービスを差別化して、業界のなかで何らかの特徴を創造しようとする戦略で、顧客のロイヤルティを形成し顧客を確保する方法です。差別化が図れた場合には、価格を高く設定することもできます。差別化には、製品・サービスの設計や特徴の差別化、ブランド・イメージの差別化、テクノロジーの差別化、顧客サービスの差別化、ネットワークや流通網の差別化等があります。

差別化の方法としては、建物や設備の大きさや質で差別化することができます。製品・サービスについては、予防・リハビリサービス、食事サービス、入浴・排泄介助サービス、安全・危機対応サービス、生活支援サービス等をユニークなものにすれば差別化することができるでしょう。ブランド・イメージの差別化には、高級ブランドで差別化する方法とリーズナブルなコストで差別化する方法などがあります。テクノロジーの差別化としては、離床センサーなどITを安全に

活用する方法があります。ネットワークや流通網の差別化としては、医療機関や他の介護事業者と連携して、新たな疾病や障害が発生した場合に迅速に対応できれば高齢者の信頼が得られるでしょう。

(3) 集中化

集中化は、特定の地域市場、顧客グループ、製品・サービス群に企業の従業者の資源を集中する戦略です。ターゲットやサービスを絞ることで、より有効的で効率の良い競争が展開できます。

介護福祉サービスの対象者であれば自立・健常型、医療型、要介護型（認知症なし）、認知症型のいずれかに絞る、所得層であれば富裕層、中間層、低所得者層などのいずれかに絞るといった考え方があります。また、サービスの種類であれば介護保険による施設サービス、居宅系サービス、居住系サービスなどのいずれかに特化することができるでしょう。

確認問題

問題1 以下の文章の（　）に適切な言葉を記入しなさい。

①競争位置は、マーケットリーダー、（**ア**）、市場支持者、（**イ**）に分類できる。

②競争戦略には、コスト・リーダーシップ、（**ウ**）、（**エ**）の3類型がある。

③コスト優位を実現していくためには、規模の経済性、（**オ**）、（**カ**）といったフレームワークで考えていくことが有効である。

④集中化は、特定の地域市場、（**キ**）、（**ク**）群に企業の資源を集中する戦略である。

確認問題

解答 1

ア：市場挑戦者　イ：特定市場挑戦者　ウ：差別化
エ：集中化　オ：範囲の経済性　カ：習熟効果
キ：顧客グループ　ク：製品・サービス

解説 1

① マーケットリーダーは、最大の市場占有率をもって、市場で競争者を支配する組織であろうとします。市場挑戦者は、マーケティング・ミクスを工夫することでリーダーに挑戦することができます。市場支持者は、マーケットリーダーを模倣することによって市場で競争します。特定市場挑戦者は、特定の狭い市場に経営資源を集中させる戦略をとります。

② コスト・リーダーシップは、コスト面で最優位に立つという戦略です。

③ 規模の経済性とは、規模を大きくして固定費を分散させることを指します。範囲の経済性とは、組織が複数の事業活動をもつことで経済効率を高めることをいいます。習熟効果は、累積の経験量がコスト低下につながることを指します。

④ ターゲットやサービスを絞り込むことで、より有効的で効率の良い競争が展開できます。

第11章

戦略理論②
ブルー・オーシャン戦略

1. ブルー・オーシャン戦略
2. 戦略キャンバス
3. 6つのパス
4. 4つのアクション
5. ブルー・オーシャン戦略のチェックポイント

© Kasiutek - Fotolia.com

1 ブルー・オーシャン戦略

1 競争のない市場の創造

　ブルー・オーシャン戦略とは「競争のない市場空間を生み出し、競争を無意味なものにする戦略」です[48)49)]。その戦略は、血で血を洗うような厳しい競争を強いられるレッド・オーシャン（既存の市場空間）を避けることを目的とします。そこでは各産業の境界が明確で、ルールも広く知られています。しかし製品・サービスが過剰で競争過多に陥っており、利益や成長の見通しは厳しくなっています。

　レッド・オーシャン戦略では競合他社に打ち勝つことが目的となります。既存の需要を広げていくためには、トレードオフの関係にある価値とコストの関係を考慮し、差別化か低コスト化かの戦略を選択せざるを得ません。一方、ブルー・オーシャン戦略では競争のない市場を対象とし、競争を無意味なものにするために新しい需要を開拓し、価値を高めながらコストを押し下げ、差別化と低コスト化の両方を進めます。すなわち、事業者と顧客の両方の価値を向上させる「バリュー・イノベーション」が必要だとされています[48)49)]。

図表11-1 ●レッド・オーシャン戦略とブルー・オーシャン戦略

	レッド・オーシャン戦略	ブルー・オーシャン戦略
市場	既存の市場	競争のない市場
競争	打ち勝つ	無意味にする
需要	既存の需要の拡大	新しい需要の開拓
価値とコスト	トレードオフの関係	高価値・低コスト
戦略	差別化か低コスト化の戦略を選択	差別化と低コスト化の両方を推進

著者作成

2 戦略キャンバス

1 戦略キャンバスと価値曲線

　戦略キャンバスとは、各事業者の戦略プロフィールを確認するための独自のフレームワークであり、横軸が業界の各事業者の力を入れる競争要因、縦軸が（重要視している）スコアになります。**図表11-2**に高齢者住宅を運営するA社、B社、C社のスコアを示しました。

　各事業者のスコアを線で結んでいくと、**図表11-3**のようなグラフができます。この線をブルー・オーシャン戦略では「価値曲線」と呼

図表11-2 ●戦略キャンバスのスコア

	価格	広さ	食事	入浴	リハビリ	医療
A社	4	4	3	3	3	2
B社	4	3	3	2	2	2
C社	3	3	2	2	2	1

著者作成

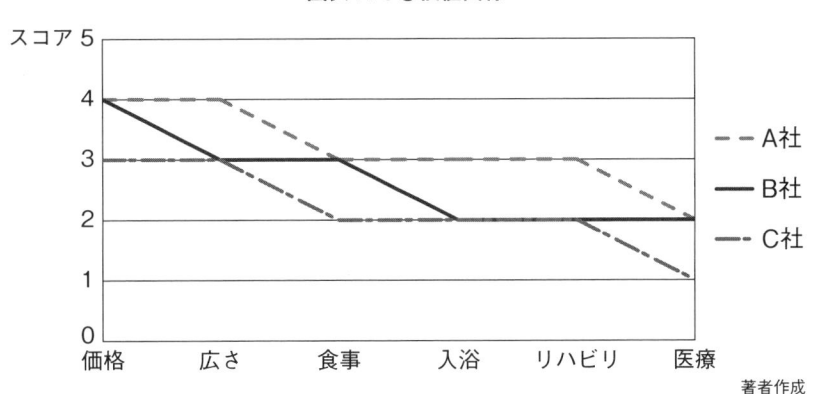

図表11-3 ●価値曲線

著者作成

びます。ここで価値曲線が重なったり、価値曲線が同じ形をしていたりすれば、その業界はレッド・オーシャンであると判断されます。製品やサービスが同じであれば、価格競争をせざるを得ないからです。

2 ターゲット設定

　ブルー・オーシャン戦略でもターゲットを設定する必要がありますが、ターゲットを年齢や職業、性別などで絞り込んでいくセグメンテーションは行いません。ターゲットを絞り込むと市場規模が小さくなり、スケールメリット（規模が大きくなることで得られる効果）が失われるため、価値を高めながらコストを下げる戦略には向いていないからです。

　市場の細分化を行わないブルー・オーシャン戦略は、マーケティングのセグメンテーションに対して「脱セグメンテーション」と呼ばれています。したがって"大きな市場に広く対応できる製品・サービスをいかに投入していくか"ということに目的が絞られることになります。

3 6つのパス

1 ブルー・オーシャン戦略における6つのパス

　ブルー・オーシャン戦略では市場の境界を引き直して競争を回避し、ブルー・オーシャンを創造する必要がありますが、そのフレームワークに6つのパスを用います。6つのパスとは、①代替産業に学ぶ、②業界内の他の戦略グループから学ぶ、③買い手グループに目を向ける、④補完財や補完サービスを検討する、⑤機能志向と感性志向を切り替える、⑥将来を見通す、というものです。**図表11-4**に、介護福祉サービスにおける6つのパスの例を示しました。

図表11-4●ブルー・オーシャン戦略における6つのパスと介護福祉サービス

6つのパス	介護・福祉サービスの例
①代替産業に学ぶ	介護施設内で行われていたサービスを高齢者住宅とデイサービスの組み合わせで行う
②業界内の他の戦略グループから学ぶ	食事サービスに外食宅配サービスを使う
③買い手グループに目を向ける	高齢者住宅の営業を医療機関や老人保健施設に行う
④補完財や補完サービスを検討する	デイケアでリハビリテーションと入浴サービスの両方を行う
⑤機能志向と感性志向を切り替える	必要なサービスを提供するだけでなく、応接に力を入れる
⑥将来を見通す	障害の重い高齢者へのサービス技術を高める

著者作成

（1）代替産業に学ぶ

　これによって、これまでとは違った発想の製品やサービスを開発することが可能になり、ブルー・オーシャンを開拓できます。例えば、

介護施設内で行われていたサービスを高齢者住宅とデイサービスの組み合わせで行うことにより、外部からの顧客にもデイサービスを提供し収益を上げることができます。

（2）業界内の他の戦略グループから学ぶ

例として、食事サービスに外食宅配サービスを使うことを挙げています。現在、多くの介護施設が食事サービスをアウトソーシングしています。自施設で糖尿病食、減塩食、ソフト食などの多様な食事サービスを行うのはコストがかかりますが、外食宅配サービスを使うことで、さまざまなニーズに対応しつつ、コスト削減が可能となります。

（3）買い手グループに目を向ける

高齢者住宅の事業者は、高齢者世帯をターゲットとしているわけですが、子どもと同居する高齢者の要介護度が高い場合、「一定の期間の入所」や「ターミナルの時期の入所」などの需要があると考えられ、家族も重要な買い手となります。

また、医療機関では入院期間が長くなると診療報酬が引き下げられるため、慢性疾患をもった高齢者の退院先を常に探しています。そのような医療機関に営業を行い、退院者を高齢者住宅に受け入れて医療サービスや介護サービスを提供していくことは大きな需要を生むと考えられます。介護施設である老人保健施設にも医療機関と同様の需要があります。

（4）補完財や補完サービスを検討する

デイケアにおいては、リハビリテーションと入浴サービスは補完財の関係（互いに補完し合うことで効用を得る関係。自動車とガソリン等）にあります。リハビリを頑張って汗をかいて、入浴サービスを受けることで効用が増加します。

補完サービスとしては、例えば入浴サービスにマッサージサービスを付け加えることで高齢者の満足度を高めることができます。足だけをマッサージする機械などを用いれば、コストもさほどかからないでしょう。

（5）機能志向と感性志向を切り替える

例として、「必要なサービスを提供するだけでなく、応接に力を入れる」を示しました。不安の強い高齢者は「決して心身が傷つくことがないような環境で過ごしたい」というニーズが高いのです。

（6）将来を見通す

例として、「障害の程度が重い高齢者へのサービス技術を高める」を挙げています。今後、高齢化が進行するに伴い社会保障財政が厳しくなっていきます。そのような状況のもと優先されるのは、軽度の障害をもつ高齢者へのサービスではなく、重度の障害をもつ高齢者へのサービスです。認知症などの重度な障害に対応する技術をもっている施設のほうが経営は安定すると思われます。

4 4つのアクション

1 新しい需要を見つけ出す価値の創造

　ブルー・オーシャン戦略では、競合他社と競争するのではなく、新しい需要を見つけ出すための価値の創造を行うことが目的となります。具体的には、差別化と低コストを同時に行うことなのですが、そのために「4つのアクション」というフレームワークを用います（**図表11-5**）。このフレームワークは、①取り除く、②減らす、③増やす、④付け加える、という4つのセグメントに業界や他社の取り組みを当てはめ、バリュー・イノベーションを検討するツールです。現在の競争要因に対して、自身でどのような変化をもたらせばブルー・オーシャンを創造できるかを整理していくものです。

図表11-5●4つのアクション

取り除く	減らす	増やす	付け加える
体位変換	排泄介助	イベント	心遣いの言葉

著者作成

（1）取り除く
　褥瘡を防ぐための体位変換を挙げました。体位変換は極めて労力が必要でコストがかかる作業です。朝、高齢者に車いすに乗ってもらって共用スペースに移動することができれば、体位変換の必要はありません。またウオーターベッドなどを利用すれば、体位変換をしなくても褥瘡を防ぐことができます。

（2）減らす

　排泄介助を挙げています。人は、不安が強くなると排泄回数が増える傾向にあります。また、排尿障害があり残尿が多くても排泄回数が増えます。このような問題を明確にし、医療サービスの助けも得ることによって排泄介助の回数を減らすことができます。また、食事介助も食事の内容を工夫したり、自助具を利用したりすることによって負担を減らすことが可能になります。

（3）増やす

　図表11-5にはイベントを入れていますが、ゲーム、遠足、子どもとの交流等コストをかけずに顧客満足度を上げることが可能です。また、食事の品数が多いと顧客満足度が高まります。

（4）付け加える

　心遣いの言葉を挙げています。例えばサービスの提供後、「お疲れさまでした」と思いやりの言葉を付け加えるだけで顧客満足度が高まります。

5 ブルー・オーシャン戦略のチェックポイント

1 戦略キャンバスとブルー・オーシャン・アイデア・インデックス

　製品・サービスの開発ができたら、再び戦略キャンバスを使って特徴をチェックします。

　1つめは集中と選択ができているかです。すべてのサービスを平均的に行っていては高齢者を引きつけることは困難です。優れた食事サービスや医療面で安心な環境を作ることなどで人を引きつけることが可能です。

　2つめは独自性です。入浴サービスを個別に行うことやユニークなイベントを催すことなどで独自性を確保することは可能です。

　3つめは魅力的なキャッチフレーズになっているかどうかです。高齢者の心に響く、安心を与えるキャッチフレーズを作成する必要があります。

　最後に、①効用、②価格、③コスト、④導入から成る「ブルー・オーシャン・アイデア・インデックス」を用いて戦略の実現性をチェックします。「効用」では製品・サービスは購入されるに値するものであるか、「価格」では十分に需要が喚起できるリーズナブルな価格であるかをチェックします。「コスト」では、その価格に対し十分に利益を上げられるコスト構造であるかをチェックする必要があります。そして「導入」の障害になるものに適切に対応できるかを検討しなければなりません。

　ブルー・オーシャン戦略は、差別化を突き詰めることによって、新

たな競争のない市場を創造する戦略です。他の事業者の模倣に耐えていくためには、このようなツールを活用し、市場を再定義し続けることが必要です。

確認問題

問題1 以下の文章の（　）に適切な言葉を記入しなさい。

①ブルー・オーシャン戦略とは「競争のない市場空間を生み出し、競争を（**ア**）なものにする戦略」である。

②戦略キャンバスとは、各事業者の戦略プロフィールを確認するための独自のフレームワークであり、横軸が業界の各事業者の力を入れる（**イ**）、縦軸が（重要視している）（**ウ**）になる。

③「4つのアクション」のフレームワークは、「（**エ**）」「減らす」「増やす」「（**オ**）」という4つのセグメントに業界や他社の取り組みを当てはめ、バリュー・イノベーションを検討するツールである。

④「（**カ**）」「価格」「（**キ**）」「導入」から成るブルー・オーシャン・アイデア・インデックスを用いて、戦略の実現性をチェックする。

確認問題

解答1

ア：無意味　イ：競争要因　ウ：スコア
エ：取り除く　オ：付け加える　カ：効用
キ：コスト

解説1

① ブルー・オーシャン戦略とは、競争のない市場を対象とし、競争を無意味なものにするために新しい需要を開拓し、価値を高めながらコストを押し下げ、差別化と低コスト化の両方を進める戦略です。
② 戦略キャンバスのスコアのポイントを結んだ線を価値曲線と呼びます。
③ 「4つのアクション」のフレームワークは、現状の競争要因に対して、自身でどのように変化をもたらせばブルー・オーシャンを創造できるかを整理していくツールです。
④ アイデア・インデックスを用いて、「効用」では製品・サービスは購入されるに値するものであるか、「価格」では十分に需要が喚起できるリーズナブルな価格であるか、「コスト」ではその価格に対し、十分に利益を上げられるコスト構造であるか、「導入」では導入の障害になるものに対応できるかを検討しなければなりません。

第 12 章

戦略理論③
成長戦略

1. 製品・サービスのライフサイクル
2. ライフサイクルと成長戦略
3. アンゾフの成長マトリクス
4. プロダクト・ポートフォリオ・マネジメント

1 製品・サービスのライフサイクル

1 4段階のライフサイクル

　製品・サービスにも寿命があります。新製品は、新しく世に登場し、認知され、市場で成長しながら安定期に入り、やがて衰退していきます。したがって、製品・サービスのライフサイクルは「導入期」「成長期」「成熟期」「衰退期」の4段階に分けることができます[25]。

　介護福祉サービスにも、このライフサイクルがあると考えられます。例えば、高齢者福祉先進国として注目される北欧のスウェーデンの介護福祉サービスの変化[50]は、わが国の介護福祉サービスの今後のライフサイクルを示唆しているように思われます。スウェーデンの高齢者福祉は、日本と同じように貧しき高齢者を救済する施設としての老人ホームから始まっています。しかし1970年代、4人部屋の老人ホームは狭い、快適でない、個室でないということで、顧客のニーズとの乖離（かいり）が起きてしまいました。また、このころから政策の重点が疾病や障害の予防に置かれました。サービスハウスと呼ばれる、ヘルスケアサービスを受けられる高齢者集合住宅が整備され、高齢者と若い世代が同居するコレクティブハウジングという住まい方も生まれました。

　90年代には、認知症をケアする方法としてグループハウジングも誕生し、定着していきました。この結果スウェーデンでは、日本の「介護保険3施設」に相当する老人ホームよりも高齢者集合住宅のほうが多くなっていったのです。これは、高齢者の自立と自由な選択を尊重するようになったからでしょう。

　この歴史的な事実は、介護福祉サービスも社会経済環境や高齢者の

ニーズの変化に伴いライフサイクルをもっていることを示す実例であると思われます。

日本においては、「介護保険3施設」は「成熟期」を迎えていますし、「住宅型有料老人ホーム」は「成長期」にあるでしょう。一方、「サービス付き高齢者向け住宅」は「導入期」に当たります。**図表12-1**に、ライフサイクルとマーケティング戦略を示しています。

図表12-1 ●ライフサイクルとマーケティング戦略

	導入期	成長期	成熟期	衰退期
目標	市場拡大	市場浸透	市場維持	利益確保
戦略	認知獲得	競争力の向上	顧客維持	コスト削減
対象	先駆的購入者	早期購入者	今までの顧客	保守的ユーザー
製品戦略	開発重視	種類の増加	差別化	製品ライン縮小
価格戦略	多様	低価格への移行段階	低価格化	価格維持
流通戦略	試行的	チャネルの拡大	チャネルの重点化	チャネルの集中化
プロモーション戦略	認知拡大	特徴強調	顧客維持	コスト削減

著者作成

2 ライフサイクルと成長戦略

1 導入期の戦略

「導入期」は、新しい製品・サービスの認知度を上げる時期です。新製品・サービスの販売を伸ばし、いかに市場を拡大していくかが最大の目標です。つまり、新製品・サービスの認知を獲得し、市場の拡大によって成長期につなげていくことが求められているわけです。新しい製品・サービスを、より早く購入する人は「先駆的購入者」と呼ばれます。

製品・サービスに関しては、試行錯誤しながら研究開発に努める時期です。価格も製品・サービスにより、さまざまな設定が許容されます。流通戦略では試行的にサービスを提供したり、顧客に意見を聞いたりします。この時期は、顧客へのプロモーションが非常に重要な役割を果たします。マス媒体や看板広告、ダイレクトメール、Webを利用した宣伝、問い合わせを受けた相手など関心をもっている対象へのアプローチ、他の介護福祉事業者や医療機関への営業などを行います。

2 成長期の戦略

「成長期」は、製品・サービスの市場が広がっている段階です。市場シェアが上がれば上がるほど、市場では新旧を交えた製品・サービスの参入が進みます。なぜなら、新製品・サービスの成長を見て新たに参入

してくる企業があり、また既存の企業はシェアを奪われるのを黙って見過ごすわけにはいかないからです。したがって、この時期には競争力を高める戦略を行います。この時期の購入の対象者は「早期購入者」と呼ばれます。

製品戦略としては、製品・サービスの種類を増やすことによって利益を出すことが可能です。価格戦略では、売り上げが伸びている時期には価格を下げて、競争優位性を前面に出すことも選択肢となります。成長期に入り販売量を伸ばしていけば、規模の経済性や経験曲線によって原価は当初よりも下がっていきますので、原価低減分を販売価格に反映して価格面で優位性を出し、マーケットシェアの最大化を目指すことができます。

流通に関しては、より高い成長を促すためにチャネルを拡大し、顧客の目に留まる機会を増やすことも重要になってきます。顧客へのプロモーションでは、自事業者のハードやサービスの特徴を強調するなど、他者との違いが明確になるような方法をとります。

3 成熟期の戦略

「成熟期」は、販売量に大きな成長は望めない時期です。したがって戦略としては、新規の顧客拡大に照準を合わせるのではなく、既存の顧客のロイヤルティを上げることに力を移し、マーケットシェアの維持と利益の最大化を目指します。

製品戦略では製品・サービスの品質で差別化を図り、価格戦略では価格競争力を高めます。流通戦略では販売量の少ないチャネルは削減するなど、効率の良いチャネルへ集中していく必要があります。プロモーション戦略では、顧客を維持する努力をしていきます。

4 衰退期の戦略

「衰退期」は、製品・サービスの販売量が低下していく時期です。したがって、コストを削減して利益を確保することが目的になり、保守的ユーザーが対象となります。

製品戦略では製品ラインを縮小し、徹底的なコスト削減と生産性の向上を図り、コスト管理を強化しなければなりません。価格戦略では、利益を確保するために最低限の価格維持を図る必要が生じます。流通戦略ではチャネルを絞り込み、プロモーション費用は最小限に抑えなければなりません。

3 アンゾフの成長マトリクス

1 組織成長のための4つの戦略

　組織の成長を導くことができるフレームワークを提示しているのが、**図表12-2**の「アンゾフの成長マトリクス」です[22]。これは、内部の組織と外部の顧客の存在する市場の状況によって、①市場浸透、②市場開拓、③新サービス開発、④多角化の4つの戦略を検討する方法です。

図表12-2 ●アンゾフの成長マトリクス

		製品・サービス	
		既存	新規
市場	既存	市場浸透	新サービス開発
	新規	市場開拓	多角化

著者作成

(1) 市場浸透戦略

　市場浸透戦略では、現在の市場において既存の製品・サービスで売上高を増やします。現在の市場が強くて成長している間、この戦略は有効です。
　この戦略では、現在の市場で新しい顧客を引きつけることが必要であり、そのためには製品・サービスの品質を高めることが効果的です。

(2) 市場開拓戦略

　新しい市場において既存の製品・サービスの売上高の増加を目指すものです。製品・サービスのニーズがあるものの、まだ提供されてい

ない地域へ進出することが一般的です。

　この戦略は、既存の市場の成長が停滞しているときに有効です。介護福祉サービスの分野では、ある地域で成功した事業者が他の地域へ進出することはよく見られます。

(3) 新製品開発

　新製品開発は、既存の市場に新製品・サービスを提供することです。医療機関が在宅療養支援診療所や訪問看護ステーションを開設し、市場の特定の部分のニーズに対応するのがこれに当たります。

(4) 多角化

　多角化は、新しい市場のための新製品・サービスを拡大することです。慢性期を担ってきた医療機関が今後成長するためには、介護福祉サービスを行うなどの多角化を推進する必要があります。

　例えば、サービス付き高齢者向け住宅等の居住系サービス施設、デイケア等のリハビリテーションを行う施設等を併設していくことは、包括的なケアを行うために有効であると思われます。

4 プロダクト・ポートフォリオ・マネジメント

1 BCGマトリクス

　プロダクト・ポートフォリオ・マネジメントとは、複数の事業の現状を把握したうえで、どの事業に投入する資源を増やすか、どの事業を撤退させるかの「選択」と「集中」を行うものです[2)3)]。

　ボストン・コンサルティング・グループが開発した「BCGマトリクス」は、市場成長率と相対的な市場占有率（マーケットシェア）に基づいて複数の製品・サービスライン組織を分類し、組織戦略を検討するものです。

　このマトリクスでは**図表12-3**に示すように、縦軸に市場成長率、横軸に市場占有率を数値で表現する四象限の図を作成します。市場占有率は、自事業者製品・サービスの総売上高を市場の売上高で割り算をして求めることができます。すべての事業は、市場成長率と市場占有率の2つの位置によって、このマトリクスの範囲内に位置づけられます。市場成長率も市場占有率も高ければ「花形製品・サービス」、市場成長率は低いが市場占有率が高ければ「金のなる木」、市場成長率は高いが市場占有率が低ければ「問題児」、市場成長率も市場占有率も低ければ「負け犬」に分類されます。

　このマトリクスは、キャッシュフローと収益性が販売ボリュームと密接に関連があるということを前提として組み立てられています。生産量が増すことによって規模の経済が発生し、業務プロセスの標準化・改善が進めやすくなり、経験による生産能力向上や活用する資源の最適化が進み、費用が減少します。市場でのシェアが高くなれば、

過度な競争を避けることができ、利益率が高くなる傾向があります。

　組織は市場成長率を直接コントロールすることはできませんが、予測することは可能です。例えば、少子高齢化の進展に伴う外部環境の変化を変えることはできなくても、将来の子どもの数や高齢者の数を推計することは可能です。また、組織はある程度市場占有率を制御することもできます。したがって、複数の事業を相対的に比較することは、戦略的に選択と集中を行ううえで意味があります。

図表12-3 ● BCGマトリクス

		市場占有率	
		高い	低い
市場成長率	高い	花形製品・サービス	問題児
	低い	金のなる木	負け犬

著者作成

（1）花形製品・サービス
　成長率の高い市場で高いシェアを維持しているものですが、いつまでも花形である保証はないので、新たな製品・サービスの開発や増産、プロモーションのために資源の投入が必要です。

（2）金のなる木
　成長率の低い市場であっても高いシェアを占めているもので、利益率が高いものです。ここで得られる利益は、新たな事業に投下するための元手となります。

（3）問題児
　成長率の高い市場にあってシェアが低いものです。シェアを上げるためには多額の資源が必要となるため、これ以上の投資がはたして適切かどうか、言い換えれば「問題児」を「花形製品」にできるかどうかを検討しなければなりません。

（4）負け犬
　成長率の低い市場にあってシェアが低いものです。この事業は資源

を流出させていますから、撤退を検討しなければなりません。

　例えば、社会福祉法人で特別養護老人ホーム、住宅型有料老人ホーム、介護付き有料老人ホーム、小規模多機能型ホーム、通所リハビリテーションを運営している場合を考えてみましょう。
「住宅型有料老人ホーム」や「介護付き有料老人ホーム」は成長率の高い事業です。地域で入居率が高ければ「花形製品・サービス」ですが、入居率が低ければ「問題児」となります。
　特別養護老人ホームは、自治体の設立認可が困難になっているため成長率は望めませんが、収益は確実に期待できる「金のなる木」であり得ます。また、小規模多機能型ホームや通所リハビリテーションも入居率や利用率が高ければ「金のなる木」となりますが、利用率が低ければ、「負け犬」となるリスクもあります。

確認問題

問題1 以下の文章の（　）に適切な言葉を記入しなさい。

①製品・サービスのライフサイクルは、「導入期」「（**ア**）」「（**イ**）」「衰退期」の4段階に分けることができる。

②アンゾフの成長マトリクスは、内部の組織と外部の顧客の存在する市場の状況によって、「市場浸透」「（**ウ**）」「新製品開発」「（**エ**）」の4つの戦略を検討する方法である。

③プロダクト・ポートフォリオ・マネジメントとは、複数の事業の現状を把握したうえで、どの事業に投入する資源を増やすか、どの事業を撤退させるかの「（**オ**）」と「（**カ**）」を行うものである。

④ボストン・コンサルティング・グループが開発したBCGマトリクスは、（**キ**）と相対的な（**ク**）に基づいて複数の製品・サービスライン組織を分類し、組織戦略を検討するものである。

確認問題

解答1

ア：成長期　イ：成熟期　ウ：市場開拓
エ：多角化　オ：選択　カ：集中
キ：市場成長率　ク：市場占有率

解説1

①介護福祉サービスも社会経済環境や高齢者のニーズの変化に伴い、「導入期」「成長期」「成熟期」「衰退期」からなるライフサイクルが存在すると思われます。

②市場浸透戦略では、既存の市場において現在の製品・サービスで売上高を増やします。市場開拓戦略は、新しい市場で既存の製品・サービスの売上高の増加を目指すものです。新製品開発戦略は、既存の市場に新製品・サービスを提供することです。多角化戦略は、新しい市場のための新製品・サービスを拡大することです。

③プロダクト・ポートフォリオ・マネジメントとは複数の事業を評価して、「選択」と「集中」を行うものです。

④市場成長率も市場占有率も高ければ「花形製品・サービス」、市場成長率は低いが市場占有率が高ければ「金のなる木」、市場成長率は高いが市場占有率が低ければ「問題児」、市場成長率も市場占有率も低ければ「負け犬」になります。

第13章

戦略理論④
バランスト・スコアカード

1 バランスト・スコアカード
2 バランスト・スコアカードの作り方
3 バランスト・スコアカードの例
4 バランスト・スコアカードの管理方法

1 バランスト・スコアカード

1 組織内の経営戦略の共通言語としてのシステム

　バランスト・スコアカード（BSC: Balanced Scorecard）は「ビジョンと戦略を常に意識しながら複眼的に、品質や効率などの業績的な側面のバランス、財務指標と非財務指標のバランス、長期と短期のバランス、先行指標と遅行指標のバランス、ステークホルダー間のバランスなどを考えながら、戦略を成功させるための戦略的経営システム」です[51]。米国でキャプランとノートンによって開発され、その後、経営の場でフレームワークに用いられるようになっています[52)53]。

　戦略とは、目標とするビジョンとその組織の現状とのギャップを埋めるための道筋を示すロジックです。バランスト・スコアカードでは、戦略を市場や環境の変化に適合させるための経営のフレームワークと見なし、戦略の指標として顧客満足度、業務プロセス、従業員の学習と成長といった非財務的業績を併用することによって、組織活動が適正かどうかを判断できるところが特徴です。バランスト・スコアカードでは、財務、顧客、業務プロセス、学習と成長の視点の戦略をつなげる縦の因果連鎖を策定し、これを戦略マップと呼びます（図表13-1）。そして、それぞれの視点の戦略を、戦略目標、重要成功要因（CFS:Chief Factor for Success）、重要業績評価指標（KPI:Key Performance Index）、目標値といった横の目的手段関係によって表現します。

　バランスト・スコアカードを用いると、長期的観点から経営資源を有効に配分する計画としての戦略というロジックに沿って、組織がと

るべき行動を組織メンバーに説明し周知することが可能になり、トップから最前線までの組織メンバーの共通言語を提供するツールになり得ます。

図表13-1 ●介護福祉系のバランスト・スコアカード

視点	戦略マップ（戦略目標）	重要成功要因（CFS）	重要業績評価指標(KPI)	目標値
財務	安定した経営 ↑	黒字経営	経常利益率	4%
顧客	利用者数の安定確保 ↑	利用者数の増加	利用者数	月200人
	顧客満足度の向上 ↑	利用者満足度向上	顧客満足度評価	満足度80%
業務プロセス	切れ目のないサービス ↑	マニュアルの改訂	マニュアル改訂会議回数	週1回
	他事業者・医療機関との連携の改善 ↑	他事業者への紹介、逆紹介	紹介、逆紹介件数	紹介月10件、逆紹介10件
		医療機関への紹介、逆紹介	紹介、逆紹介件数	紹介月20件、逆紹介20件
	人材の確保	従業員定員の充足	従業員定員充足率	100%
学習と成長	従業員のモチベーションの向上 ↑	従業員満足度の改善	従業員満足度評価	満足度70%
	定期的な学習と研修	外部研修会参加	外部研修会参加回数	年2回
		症例検討会開催	症例検討会開催回数	月2回

著者作成

2 バランスト・スコアカードの作り方

1 因果連鎖と目的手段関係による戦略

　バランスト・スコアカードでは**図表13-1**のように、縦の因果連鎖と横の目的手段関係によって戦略を表現することになります。

　介護福祉の分野においては、縦の因果連鎖のシナリオでは、「学習と成長の視点」で従業員のモチベーションを上げ、「業務プロセスの視点」でサービスの質を改善させ、「顧客の視点」で顧客満足度を上げ、結果的に「財務の視点」で財務的な数値の改善がなされるように構造化するほうが、従業員に受け入れられやすいと考えられます。

　横の目的手段関係では、それぞれの視点に関して目的手段関係をロジックで示します。学習と成長では従業員のモチベーション、能力といった領域が対象になります。業務プロセスではサービスの質、コスト、時間などを分析して重要業績評価指標（KPI）を設定し、各プロセスが顧客にもたらす価値を高める工夫が必要です。顧客の視点では顧客のニーズ・ウォンツをいかに満たすか、顧客満足度・ロイヤルティをどのように向上するかなどの課題が含まれます。財務の視点でのKPIを設定する際は、売上増大とともに費用削減の対策も検討する必要があります。

　これらの4つの視点について、各KPI間に有機的な関係性を持たせることによって、最終的に財務指標の改善に到達するというメカニズムが働くように設計することが重要です。つまり、学習と成長の視点におけるKPIの改善から、業務プロセスの視点におけるKPI、顧客の視点におけるKPI、財務の視点におけるKPIの改善へと順に影響を及ぼしていく構造をつくることが求められるのです。

2 成果指標と行動指標

　KPIは、「成果指標」と「行動指標」に区分して考えることもあります。成果指標とは事後的指標であり、利益率や市場占有率など企業がある業務を遂行した後の結果を評価する指標です。一方、行動指標とは事前的指標であり、顧客に対するコール回数など、成果指標の目標達成までにすべきことを行動レベルまで落として設定された指標です。

　なお、KPIは率、回数、時間、金額など具体的な定量指標でなければなりません。測定できないものは管理できず、記述できないものは測定できないからです。目標値を設定するためには、過去の実績数字を正確に把握しなければならず、何をどのようにどれだけ遂行できるかも検討する必要が出てきます。

3 バランスト・スコアカードの例

1 介護福祉におけるバランスト・スコアカード

　縦の因果連鎖は、学習と成長、業務プロセス、顧客、財務の視点の順に下から遡(さかのぼ)って示された戦略マップです。**図表13-1**の例では、定期的な学習と研修を行い、従業員のモチベーションを向上させます。その結果、人材の確保ができ、他事業者・医療機関との連携が改善し、切れ目のないサービスが提供できるようになり、顧客満足度が向上し、利用者数の安定確保が得られ、安定した経営ができるというシナリオが示されています。

　横の目的手段関係は、戦略目標、重要成功要因、重要業績評価指標、目標値で示されています。

(1) 学習と成長の視点

　学習と成長の視点の戦略目標は、①定期的な学習と研修、②従業員のモチベーションの向上です。定期的な学習と研修に関する重要成功要因は「症例検討会開催」と「外部研修会参加」であり、それぞれの重要業績評価指標、目標値は「症例検討会開催回数→月2回」と「外部研修会参加回数→年2回」になります。

　従業員のモチベーションの向上の重要成功要因は「従業員満足度の改善」、重要業績評価指標は「従業員満足度評価」、目標値は「満足度70％」になります。

(2) 業務プロセスの視点

　業務プロセスの視点の戦略目標は、①人材の確保、②他事業者・医療機関との連携の改善、③切れ目のないサービスです。人材の確保の

重要成功要因は「従業員定員の充足」、重要業績評価指標は「従業員定員充足率」、目標値は「100％」です。

また、他事業者・医療機関との連携の改善の重要成功要因は「他事業者への紹介、逆紹介」、「医療機関への紹介、逆紹介」、重要業績評価指標はともに「紹介、逆紹介件数」であり、それぞれの目標値は「紹介→月10件、逆紹介→10件」、「紹介→月20件、逆紹介→20件」です。

切れ目のないサービスの重要成功要因は「マニュアルの改訂」、重要業績評価指標は「マニュアル改訂」、目標値は「会議回数→週1回」になります。

(3) 顧客の視点

顧客の視点の戦略目標は、①顧客満足度の向上、②利用者数の安定確保です。顧客満足度の向上の重要成功要因は「利用者満足度の向上」、重要業績評価指標は「顧客満足度評価」、目標値は「満足度80％」になります。

利用者数の安定確保の重要成功要因は「利用者数の増加」、重要業績評価指標は「利用者数」、目標値は「月200人」になります。

(4) 財務の視点

財務の視点の戦略目標は「安定した経営」です。重要成功要因は「黒字経営」、重要業績評価指標は「経常利益率」、目標値は「4％」となります。

4 バランスト・スコアカードの管理方法

1 従業員全体による策定の重要性

　バランスト・スコアカードが組織全体に浸透して確実に成果を上げるためには、戦略目標が組織全体で共有され、各個人の行動パターンにまで浸透することが必要です。そのためにはまず、従業員が集まってバランスト・スコアカードを作成し、定期的に会議を開き、目標値に達しているかを確認し対策をとっていく必要があります。

　バランスト・スコアカードは戦略目標を日常業務に落とし込んでおり、かつ4つの視点からの指標設定のため、事業展開に沿った多面的なKPIが設定でき、収支の改善・悪化の詳細な原因が特定でき、的確な改善アクションを早期に打てます。これにより戦略が明確化され共有化されるだけでなく、事業間の連携も促進されます。こうした基盤を構築することで全員参加型の企業経営が可能になるとともに、従業員各人の責任と権限が明確になるというメリットがあります。

2 戦略志向のマネジメントの5原則

　戦略志向のマネジメントの5原則は、①経営者がリーダーになって変革を活性化すること、②戦略を現場の言葉に落とし込むこと、③組織を戦略に方向づけること、④戦略をすべての人の毎日の仕事にすること、⑤戦略を継続プロセスにすることです[52)53)]。

確認問題

問題1 以下の文章の（ ）に適切な言葉を記入しなさい。

①バランスト・スコアカードとは、組織の将来像を基にして、戦略を(**ア**)、顧客、業務プロセス、(**イ**)の視点で分類し、具体的な指標を使って管理するものである。

②戦略とは、目標とする(**ウ**)とその組織の現状とのギャップを埋めるための道筋を示す「(**エ**)」である。

③横の目的手段関係は、戦略目標、(**オ**)、(**カ**)、目標値で示されている。

④KPIは、「(**キ**)」と「(**ク**)」に区分して考えることもある。

解答1

ア：財務　イ：学習と成長　ウ：ビジョン
エ：ロジック　オ：重要成功要因　カ：重要業績評価指標
キ：成果指標　ク：行動指標

解説1

①②戦略とは、目標とするビジョンとその組織の現状とのギャップを埋めるための道筋を示すロジックです。バランスト・スコアカードでは、戦略の指標を財務的業績だけでなく、顧客満足度、業務プロセス、従業員の学習と成長といった非財務的業績指標を併用しているところが特徴です。

③バランスト・スコアカードでは、財務、顧客、業務、学習と成長の視点の戦略をつなげる縦の因果連鎖を策定しますが、これを戦略マップと呼びます。それぞれの視点の戦略に関し、戦略目標、重要成功要因（CFS）、重要業績評価指標（KPI）、目標値といった横の目的手段関係によって戦略を表現します。

④「成果指標」とは結果を評価する事後的指標であり、「行動指標」とは目標達成のためにすべきことを設定した事前的指標です。

第14章

介護福祉マーケティングの事例①
介護付き有料老人ホーム

1 SWOT分析とバランスト・スコアカードを用いた経営改善

2 組織のSWOT分析とクロスSWOT分析

3 バランスト・スコアカードの策定

4 介護福祉事業でバランスト・スコアカードを用いる意義

1 SWOT分析とバランスト・スコアカードを用いた経営改善

1 背景

　A株式会社は、大都市圏である福岡市で介護付き有料老人ホームを開設・経営しています[54]。有料老人ホームの経営以外に居宅介護支援事業、訪問介護事業、福祉用具販売貸与事業、グループホーム運営、ホームヘルパー養成事業も行っています。経営している介護付き有料老人ホームは全部で3施設あり、約200人の入居者がいます。入所率は95％と高いのですが、慢性的なスタッフ不足に悩まされています。

　そこで、スタッフに経営に対する認識を強めてもらうために、自社の経営に関するSWOT分析、クロスSWOT分析、バランスト・スコアカードの作成を行い、経営改善を図ることになりました。

2 組織のSWOT分析とクロスSWOT分析

1 SWOT分析

　組織内部の強み・弱み、組織外部の機会・脅威を明らかにするため、スタッフに集まってもらいSWOT分析を行いました（**図表14-1**）。SWOT分析の4つのコラムのそれぞれについて、スタッフに付箋に要因を書いてもらいKJ法を用いて整理しました。KJ法はカードを使って同類のものをまとめていく方法で、発案者の川喜田二郎のイニシャルにちなんでいます[55]。

図表14-1 ● SWOT分析の結果

	強み	弱み
内部環境	高い入居率 良い立地条件 高い知名度 多角的経営	経営指標の未設定 高い離職率 熟練スタッフの不足 サービスの質のばらつき 安全対策の未整備
	機会	脅威
外部環境	総量規制による参入障壁 高齢者の増加によるニーズの増大 施設から在宅への医療政策の方針	サービス付き高齢者向け住宅への政策誘導 医療機関の有料老人ホームへの参入 高齢者の収入や介護報酬の低下の恐れ 監査の厳格化

著者作成

　「強み」では高い入居率、良い立地条件、高い知名度、多角的経営、「弱み」では経営指標の未設定、高い離職率、熟練スタッフの不足、サービスの質のばらつき、安全対策の整備が挙げられました。一方、「機会」では総量規制による参入障壁、高齢者の増加によるニーズの増大、施

設から在宅への医療政策、「脅威」ではサービス付き高齢者向け住宅への政策誘導、医療機関の有料老人ホームへの参入、高齢者の収入や介護報酬の低下の恐れ、監査の厳格化などが挙げられました。

特に取り組まなければならない内部環境としては、従業員の定着期間が短く離職が多いことと、管理職の育成が遅れていることが挙げられました。また、介護事故や感染症など、入居者の安全面に関する対応の遅れも問題とされました。外部環境の脅威では、サービス付き高齢者向け住宅への政策誘導や医療法人の有料老人ホーム経営参入による利用者選択肢の拡大が挙げられました。

2 クロスSWOT分析

次に、SWOT分析で得られた結果から戦略立案を行うクロスSWOT分析をしました（**図表14-2**）。「強みの強化」における機会の利用では、利用者満足度調査の実施と結果への対応、介護事業でのプロモーションによる入居率の維持、「脅威への対応」では、食事、入浴サービスの改善、介護事業との連携強化が提案されました。一方、「弱みを強みへ」における機会の利用では、経営指標の明確化、認知症やターミナルケアなどの専門教育の実施、介護福祉士合格のための研修実施、安全対策の整備、「脅威への対応」では、周辺医療機関との連携強化、サービスの効率化、サービスの標準化、各種規定・マニュアルの整備が提案されました。

図表14-2●クロスSWOT分析の結果

	機会の利用	脅威への対応
強みの強化	利用者満足度調査の実施と結果への対応 介護事業でのプロモーションによる入居率の維持	食事・入浴サービスの改善 介護事業との連携強化
弱みを強みへ	経営指標の明確化 認知症やターミナルケアなどの専門教育の実施 介護福祉士合格のための研修実施 安全対策の整備	周辺医療機関との連携強化 サービスの効率化 サービスの標準化 各種規定・マニュアルの整備

著者作成

3 バランスト・スコアカードの策定

1 介護型有料老人ホームのバランスト・スコアカード例

バランスト・スコアカードの策定において、ミッションについては「経営哲学」「行動基準」「社会的役割」「活動領域」といった内容を盛り込みました。また、ビジョンについては「従業員が定着できる働きやすい職場」「選ばれる施設サービス」「業務・安全基盤の確立」としました。

ゴールに関しては、①管理者および経営幹部のマネジメント力強化、②教育体系確立、キャリアアップと人事考課と報酬の適正化、③利用者・施設の安全対策強化、④計画経営の推進と管理強化、⑤ケアプランの標準化と統一、⑥新規事業、商品、サービスの開発による新たな柱づくりの6項目としました。

バランスト・スコアカードでは4つのフレームワークとして、「学習と成長の視点」「業務プロセスの視点」「安全の視点」「顧客の視点」を設定しています。現状では「安全の視点」が重要と判断したので、比較的問題のない「財務の視点」を外しました。

また、運用および評価を確実にするため、因果連鎖を意識した戦略マップを一部として組み込みました。クロスSWOT分析の結果をもとに、戦略目標ごとに重要成功要因(CFS)、重要業績評価指標(KPI)、目標値を**図表14-3**のように作成しました。

図表14-3 ●介護型有料老人ホームのバランスト・スコアカード

視点	戦略マップ（戦略目標）	重要成功要因（CFS）	重要業績評価指標（KPI）	目標
顧客の視点	入居者満足向上／内部顧客満足向上／地域連携強化	・入居者の満足度向上 ・職員の満足度向上 ・医療機関との連携強化	・入居者満足度調査 ・従業員満足度調査 ・病院訪問回数	1回／年 1回／年 2回／週
安全の視点	リスクマネジメント構築	・リスクマネジメントシステムの構築による安全対策の強化 ・正確な事故件数の把握 ・内部監査機能の構築	・リスクマネジメント研修参加率 ・事故件数報告件数 ・内部監査の実施	管理者全員 100件／年 1回／年
業務の視点	組織連携力の強化／業務分掌の明確化／経営指標の明確化／営業力強化	・職場環境の整備、職員体制、委員会活動の構築による組織力強化 ・業務分掌の構築、経営指標の明確化による安定した経営 ・基準・手順・マニュアルの整備 ・営業力強化	・会議の開催件数 ・各事業所ケアプラン達成率 ・基準・手順・マニュアル整備件数 ・営業訪問件数 ・入居率	1回／週 90%／100% 10件／年 1回／週 98%
学習と成長の視点	人材確保と定着／人材育成	・管理者研修による管理機能強化 ・専門教育研修の実施 ・介護福祉士合格のための研修 ・余裕のある職員体制の整備	・管理者研修参加率 ・研修報告書の提出率 ・研修参加率 ・介護福祉士合格者 ・常勤・非常勤介護士の数	80% 80% 80% 5人 15人／15人

著者作成

　学習と成長の視点では、管理職のマネジメント力を向上させるための管理者研修、従業員の定着を促進するための専門教育研修や介護福祉士養成を行うという目標を立てました。業務の視点に関しては、会議の開催件数、各事業所のケアプラン達成率、基準・手順・マニュアル整備件数などを重要業績評価指標としました。また安全の視点では、リスクマネジメントのシステム化を目標としました。そして顧客の視点では、入居者および従業員満足度調査を実施し、状況把握と分析を行い、経営の改善に役立てることになりました。

　なお、従業員満足度は、第9章では学習と成長の視点の指標としていましたが、どの指標をどの視点に用いるかは戦略によって柔軟に対応すべきです。

4 介護福祉事業でバランスト・スコアカードを用いる意義

1 戦略的経営の枠組み

　介護福祉の分野においては、事業所単位では介護保険関係法規の遵守が重要視されている一方、介護事業者のマネジメントの視点はこれまであまり重視されてきませんでした。経営の視点でも、介護サービスの運営管理やサービス提供体制作りなど、直接実務に関わることに重点が置かれているのが現状です。しかしながら、介護福祉業界において長期にわたり安定的な経営を行うには、明確なビジョンと戦略に基づく合理的な経営方法が必要です。

　バランスト・スコアカードは、ビジョン達成のために、戦略策定、事業計画の立案、戦略の実行、経営指標のモニタリング、戦略のコントロール、組織改革、業務改善から業績改善、経営の質の改善等、経営を幅広く支援する「戦略的経営の枠組み」です。経営を行ううえで解決するべき課題と方向性が組織全体で共有されるという点において、有効な手法であると考えられます。

確認問題

問題1 以下の文章の（　）に適切な言葉を記入しなさい。

①KJ法とは（**ア**）を使って（**イ**）のものをまとめていく方法であり、発案者の川喜田二郎のイニシャルにちなんでいる。

②外部環境の脅威では、（**ウ**）への政策誘導や（**エ**）の有料老人ホーム経営参入による利用者選択肢の拡大が挙げられた。

③SWOT分析で得られた結果から戦略立案を行うクロスSWOT分析は、（**オ**）における機会の利用、脅威への対応、（**カ**）における機会の利用、脅威への対応から成る。

④バランスト・スコアカードは、（**キ**）達成のために、戦略策定、事業計画の立案、戦略の実行、経営指標のモニタリング、戦略のコントロール、組織改革、業務改善から業績改善、経営の質改善など、幅広く経営を支援する「（**ク**）」である。

確認問題

解答 1

ア：カード　イ：同類　ウ：サービス付き高齢者向け住宅
エ：医療機関　オ：強みの強化　カ：弱みを強みへ
キ：ビジョン　ク：戦略的経営の枠組み

解説 1

①KJ法とはカードを使って同類のものをまとめていく方法ですが、SWOT分析の4つのコラムのそれぞれについて整理する際にも有用です。

②非医療系の有料老人ホームでは、サービス付き高齢者向け住宅の政策誘導や医療機関の有料老人ホーム経営参入による利用者選択肢の拡大が外部環境の脅威になっています。

③クロスSWOT分析はSWOT分析に基づき、戦略を「強みの強化」と「弱みを強みへ」の項目に分けて、機会の利用、脅威への対応を図るものです。

④介護福祉業界においても、長期にわたり安定的な経営を行うには、明確なビジョンと戦略に基づく合理的な経営方法が必要です。バランスト・スコアカードは、ビジョンの達成のために、経営のうえで解決する課題と方向性が組織全体で共有されるという点において、有効な手法であると考えられます。

第15章

介護福祉マーケティングの事例②
在宅支援複合施設

1 地域包括ケアシステムと在宅支援複合施設
2 事例①　住宅型有料老人ホーム
3 事例②　大規模デイサービス
4 事例③　住宅型有料老人ホーム
5 今後の地域包括ケアシステムの構築に向けて

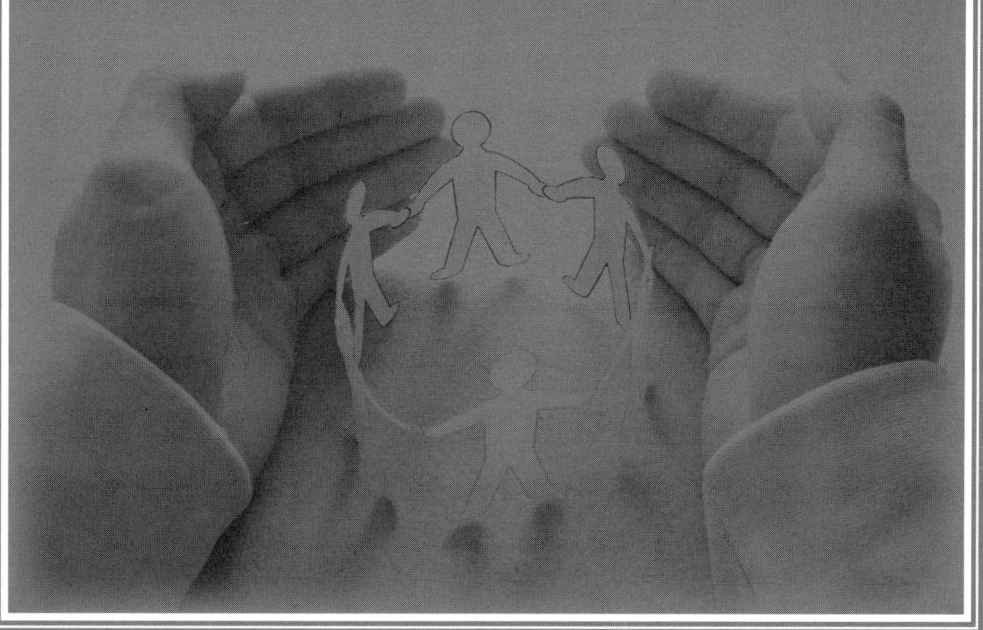

1 地域包括ケアシステムと在宅支援複合施設

1 地域包括ケアシステムの定義

　厚生労働省は2010（平成22）年4月、日本の高齢者ケアのあるべき姿と方向性をまとめた「地域包括ケア研究会報告書」を公表しました[56]。地域包括ケアシステムとは「ニーズに応じた住宅が提供されることを基本とした上で、生活上の安全・安心・健康を確保するために、医療や介護のみならず福祉サービスを含めたさまざまな生活支援サービスが日常生活の場（日常生活圏域）で適切に提供できるような地域での体制」と定義されています。2011（平成23）年には地域包括ケアシステムの5つの重点課題として、①医療との連携強化、②介護サービスの充実強化、③予防の推進、④生活支援サービスの確保や権利擁護、⑤高齢期になっても住み続けられる高齢者住宅の整備が提案されています。

2 地域包括ケアシステムのモデル

　地域包括ケアシステムを構築していくには、**図表15-1**に示すように、①さまざまなニーズに対応する高齢者住宅、②通い・泊まり・訪問ができる複合事業拠点、③24時間の訪問看護・介護サービス、④在宅医療、⑤地域交流・予防センターの整備と互助活動の支援、⑥高齢者ボランティア団体の組織化、⑦人材教育という7つの要素が不可欠であると考えられます[57]。

その中心となるのが、高齢者住宅と、通い・泊まり・訪問ができる複合事業拠点からなる在宅支援複合施設[58]です。

　在宅支援複合施設の小規模多機能型施設との相違点は、高齢者住宅を核としたスケールメリットと、運営に柔軟性があるところです。住宅型有料老人ホームでは、自宅同様に介護が必要になった場合、外部の訪問介護等のサービスを利用しながら、ホームでの生活を継続することになります。住宅型有料老人ホームの入居者は、要介護度や必要度に応じて介護サービスを決められ、介護サービス事業者を変更することもできます。

図表15-1 ●地域包括ケアシステムの構築

```
              【地域包括ケア】
              小・中学校校区
              人口1万人を一単位

                     自宅
          自宅              自宅
                   高齢者住宅

  ボランティア    複合拠点      地域交流
  高齢者団体  ⇔ 通い・泊まり・訪問 ⇔ 予防センター

          自宅                      自宅
  24時間短期巡回型  自宅  在宅医療  自宅  24時間短期巡回型
  訪問サービス                          訪問サービス

              ↑    ↑    ↑
              人材開発・教育
```

著者作成

2 事例① 住宅型有料老人ホーム

1 施設の概要

　鹿児島県姶良(あいら)市で、加治木温泉病院を拠点に活動している医療法人玉昌会は、住宅型有料老人ホーム「おはな」を中心として、通い・泊まり・訪問ができる在宅支援複合施設「しあわせの杜」を開設、2010(平成22)年5月からサービスを開始しています[57)58)]。「しあわせの杜」では、「おはな」の居室一つひとつを高齢者の自宅と考え、それぞれに必要な生活支援、介護サービスを提供していくシステムを構築しています。在宅ケアセンターが1階にあり、入居者が必要なときに必要な支援サービスを提供することができます。

2 入居率向上のための取り組み

　住宅型有料老人ホームの経営では、できるだけ早期に入居率を高めることが重要です。「おはな」でもそのコンセプトを明確にし、施設とサービス内容を潜在的なニーズのある高齢者にPRすることにしました。

　マーケティング戦略の重要なコンセプトは「安心できる医療介護サポートと快適な住まい」とし、当初の目標は「開設後3カ月で40名満室(入居ベース)」としました。目標達成の営業戦略として潜在顧客に対しては、①説明会開催、②新聞折り込みチラシ配布、③施設紹介雑誌への掲載、④見学対応を行いました。また、姶良市、鹿児島市、霧

島市の居宅介護支援事業所、病院のメディカルソーシャルワーカー（MSW）に対して内覧会の案内ファックス、計画的な訪問営業を繰り返しました。これらの営業タスクチームは5名で担当しました。

住宅型有料老人ホーム「おはな」の2010（平成22）年5月からの入居者、契約者、申込者の数の推移を**図表15-2**に示しました。5月末で15名の入居がありましたが、開業3カ月目の7月末の入居者数は20名に過ぎませんでした。7月半ばを過ぎた時点で、当初目標を3カ月で達成することは困難であると判断されたため当初目標を修正しました。

図表15-2●住宅型有料老人ホーム「おはな」の入居申込者の推移

	5月	6月	7月	8月	9月	10月	11月	12月	1月	2月	3月
入居者	15	16	20	24	29	35	37	37	37	39	40
新規入居者	15	1	6	5	5	6	3	1	0	2	1
退去者	0	0	2	1	0	0	1	1	0	0	0
入居申込者	3	3	6	12	14	6	6	7	12	10	8
入居者＋入居申込者	18	19	26	36	43	41	43	44	49	49	48

3　入居者数の目標の修正

新たな目標は現状を踏まえて、申込ベースで4カ月後に40名満室とすることとし、潜在顧客に対して次のようなマーケティング活動を行いました。

①地域のイベントでのチラシ配り
②JR鹿児島中央駅でのチラシ配り
③病院、関連施設における朝礼等での入居呼び掛け
④盆の帰省時期の新聞折り込みチラシ配布
⑤地域交流センターでの結婚披露イベントでのチラシ配り
⑥ポスター、チラシ掲示（行政窓口、ホームセンター）

⑦ホームページ開設

　また、居宅介護支援事業所のケアマネジャー、メディカルソーシャルワーカーに対する訪問営業を計画的に行い、情報提供を徹底しました。さらに毎週月曜日にチームメンバーによる営業会議を行い、前週の結果を訪問営業にフィードバックしました。すると9月末には入居者29名に加えて入居申込者が14名あり、合わせて43名となって再設定した目標を4カ月弱で達成することができたのです。

4 入居者・申込者への調査実施

　その後、入居者と申込者に入居に関する調査を行いました。「おはな」をどうして知ったのかと尋ねたところ、一番多かったのは「加治木温泉病院からの情報」の14名（32.6％）で、2番目は「チラシ」と「他の居宅介護支援事業所からの情報」が同数で9名（20.9％）でした。その次に縁故、家族の順でした。この結果から、系列の加治木温泉病院の影響の大きさのみならず、チラシ、訪問営業に起因した他の居宅介護支援事業所からの紹介・成約の効果も大きいことがわかりました。

　入居の理由としては、在宅での生活困難が18名（41.9％）、介護困難が14名（32.6％）、将来への不安が9名（20.9％）でした。今後、高齢者の一人暮らしが増加し、在宅での生活や介護が困難な高齢者の数はますます増加するものと思われ、「おはな」のような高齢者住宅のニーズはさらに高まるとことが予想されます。

　また、「おはな」を選択した理由としては、「雰囲気が良い」が12名（27.9％）で一番多く、次に「医療安全体制が信頼できる」と「玉昌会が経営している」という安心感がそれぞれ8名（18.6％）、「サービス内容が良い」が7名（16.3％）でした。この結果から、単に医療安全体制、サービスが整備されているだけでなく、住居としての雰囲気が重要であることがわかりました。

3 事例② 大規模デイサービス

1 目標の設定

　通所介護事業所「しあわせ通りらぶ」は、2010（平成22）年5月に住宅型有料老人ホーム「おはな」の開設と同時に1階に設けられました。通所介護事業所の利用者は、併設した同ホームの入居者と外部からの利用者を見込み、目標を定員50名としました。ただし、2011（平成23）年4月までの当面の目標については「外部利用の登録者数を10名以上確保する」ことにしました。

2 SWOT分析による戦略立案と目標設定

　住宅型有料老人ホーム「おはな」では、運営が落ち着いてきた2010（平成22）年11月から、外部からの利用者の募集を始めました。どのようなマーケティング戦略が有効かを検討するためにSWOT分析を用いて、強み、弱み、機会、脅威を整理したところ、強みであるスタッフの接遇、リハビリテーションとイベントのプログラムを強化していくとともに、弱みである外部への広報活動を強めることになりました。

　その方法として、潜在利用者と関連の深い地域包括支援センターや居宅介護支援事業所のケアマネジャー、医療機関のメディカルソーシャルワーカーに、「しあわせ通りらぶ」の特色を知ってもらうために、週のイベント、利用者の喜びの声を入れた「週刊ニュースレター〜し

あわせだより」を作成し配布しました。また、利用者の多くの喜びの声を編集した「案内チラシ」も配布しました。さらに月1回、外部の方も参加できるイベントを開催することにしました。

　「しあわせ通りらぶ」が外部からの利用者を受け入れるようになったのは2010（平成22）年11月からでしたが、12月の月間利用回数は697回、そのうち外部からの利用が25回、外部の登録者数は2名でした。しかし2011（平成23）年には1月の月間利用回数が717回、外部の登録者数は5名になったのです。

　そこで、新たなマーケティングのアイデアとして知名度を上げるために、①地域住民へのダイレクトマーケティングとしてのチラシポスティング、②地域老人会・民生委員へのアプローチ、③居宅介護支援事業所のケアマネジャーへの定期的な訪問営業等の対策を行うことにしました。その際、チラシ等では「しあわせ通りらぶ」が加治木温泉病院の関連施設であることを強調しました。また、要介護者のいる家族へのアプローチとして、介護相談・勉強会等を併設の地域交流センターで行いました。この結果から、外部登録者数は着実に増加し、2011（平成23）年4月時点で目標の10名を超え、11名になりました。

4 事例③ 住宅型有料老人ホーム

1 バランスト・スコアカードによるマネジメント手法

　住宅型有料老人ホームで重要なのは、内部における介護サービスの提供方法です。これらの介護サービスは、訪問介護事業所「はぐandはぐ」が行っています。

　「はぐandはぐ」では、組織の経営理念・行動方針を従業員に浸透させ、具現化させ、目標設定、評価、管理までを改善していく経営ツールとしてバランスト・スコアカードを用いてマネジメントに介入しています。**図表15-3**にバランスト・スコアカードによる戦略マップモデルを示しました。

図表15-3 ●「はぐandはぐ」のバランスト・スコアカード

視点	戦略マップ（戦略目標）	重要成功要因（CFS）	重要業績評価指標（KPI）
財務	適切な利益の確保 ↑	利用状況の向上	訪問回数
		収入の向上と費用の低下	人件費対収入比率
顧客	顧客満足度の向上 ↑	利用者満足度の向上	満足度調査の実施
業務プロセス	サービスの向上 ↑ スタッフ間のコミュニケーションの改善 ↑	スタッフの接遇意識の改善	スタッフ意識調査の実施
		ミーティングでの確認	ミーティング回数
視点	接遇と技術の向上 ↑ 理念の浸透	接遇のと介護技術の研修開催	研修会回数
		BSC作成の参加	参加回数

著者作成

戦略マップは、学習と成長の視点では「理念の浸透」と「接遇と技術の向上」を図り、業務プロセスの視点では「スタッフ間のコミュニケーションの改善」と「サービスの向上」を行い、顧客の視点では「顧客満足度の向上」に努め、財務の視点では「適切な利益の確保」という流れです。そして戦略ごとに、重要成功要因と重要業績評価指標を示しています。

バランスト・スコアカードの評価の一環として、**図表15-4**に示すように、従業員の接遇意識に関する6項目（①入居者本位の対応、②正面に向き合う挨拶、③理念や接遇、④依頼された支援の遂行、⑤部屋の出入りの声かけ・一礼、⑥相手を考えた言葉遣い）について自己評価をしてもらいました。

図表15-4●従業員の自己評価の結果

	質問内容	評価点						集計結果		
		-3	-2	-1	1	2	3	累計	データ数	平均点
1	入居者本位の対応			1	9			8	10	0.8
2	正面に向き合う挨拶		1	3	7	1		4	12	0.3
3	理念や接遇	1	0	2	7	1		4	11	0.4
4	依頼された支援の遂行	1			8	2		9	11	0.8
5	部屋の出入りの声かけ・一礼		1		6	5		14	12	1.2
6	相手を考えた言葉遣い			2	9	1		9	12	0.9

著者作成

評価点は「−3：まったくできていない、−2：できていない、−1：あまりできていない、1：ある程度できている、2：できている、3：大変よくできている」としました。評価結果の全体の平均値は、0.7でした。

次に、従業員の力を客観的に評価するために、**図表15-5**に示すように入居者の満足度調査を行いました。評価項目は8項目（①安らぎと安心を感じる、②従業員の丁重な接遇、③入居者の都合をよく聞く、④自立支援を考えている、⑤従業員の言葉遣い、⑥入居者の話をよく聞く、⑦従業員の知識と専門性、⑧訪問介護への満足度）です。評価

点は、従業員の接遇意識の自己評価と同じく−3～3の6段階としました。全体の平均値は1.9と、満足しているという結果でした。

従業員の自己評価平均は低かったものの、入居者のサービス評価で平均1.9と高い結果が得られたことは、バランスト・スコアカードのマネジメント手法により、スタッフのサービス提供に関する意識づけができ、サービスの質の向上や生産性の向上に役に立ったと考えられます。

図表15-5●顧客満足度調査の結果

	質問内容	評価点						集計結果		
		-3	-2	-1	1	2	3	累計	データ数	平均点
1	安らぎと安心を感じる			2	9	14	6	53	21	1.7
2	職員は丁重に接しているか				9	16	7	62	32	1.9
3	入居者の都合をよく聞くか			1	6	17	6	57	30	1.9
4	自立支援を考えているか				8	17	4	53	30	1.8
5	従業員の言葉使い				4	20	8	68	32	2.1
6	入居者の話をよく聞く			2	6	17	6	58	29	2.0
7	従業員の介護の知識や専門性				7	16	7	60	30	2.0
8	全体的に訪問介護に満足か				6	18	6	60	30	2.0

著者作成

5 今後の地域包括ケアシステムの構築に向けて

1 ネットワーク型高齢者健康コミュニティ

　自宅でも施設と同じように、安心してケアが受けられる地域包括ケアシステムを構築するためには、住宅型有料老人ホーム「おはな」のような高齢者住宅を核として、訪問・通所サービスを複合的に提供していける拠点を創り上げることが必要です。

　図表15-6に、地域包括ケアシステムの1つのモデルである「ネットワーク型高齢者健康コミュニティ」を示しました。このモデルでは、まず高齢者住宅を核とした医療・介護サービスの複合事業拠点となる在宅支援複合施設をつくり、次に在宅支援複合施設を中心に地域住民が自由に訪問できるような交流拠点を構築し、高齢者のネットワーク（互助組織）を展開していきます。つまり、高齢者の経済力やADLに応じたニーズに合わせたさまざまな種類の住宅をつくり、それらを軸に24時間巡回型訪問サービスを機能させていくモデルです。

　また、24時間の訪問サービス体制を実現可能なものにするためには、介護サービスは主として日勤帯に行い、深夜には必要不可欠な在宅医療・看護サービスを主として提供していく方法が望ましいでしょう。

　さらに、地域包括ケアシステムを動かしていく人材の養成にも力を入れなければなりません。介護分野で働く人材が介護技術とともにマネジメント、マーケティングの知識をもつことにより、介護の仕事をプロ意識の強いものにすることができ、生産性を向上していけると考えます。

図表15-6 ● ネットワーク型高齢者健康コミュニティ

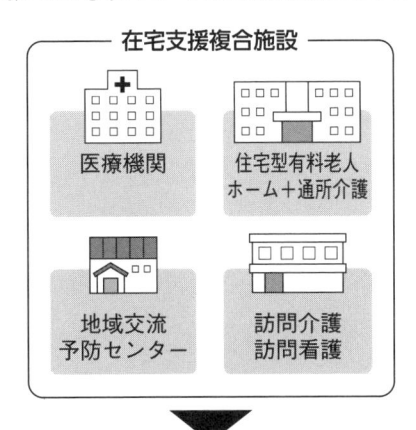

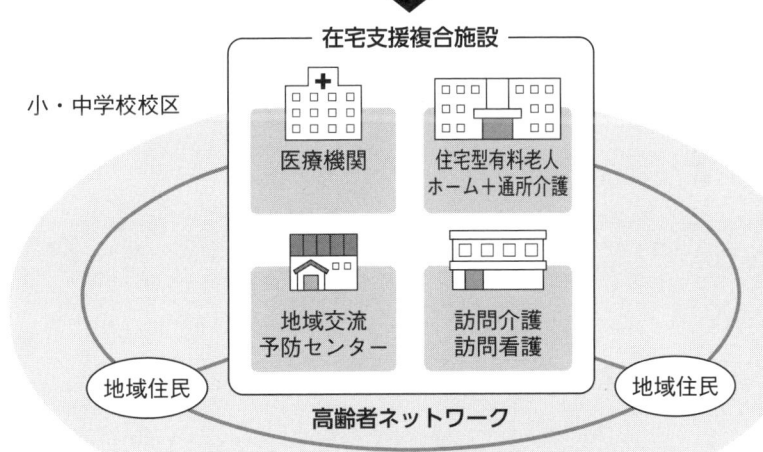

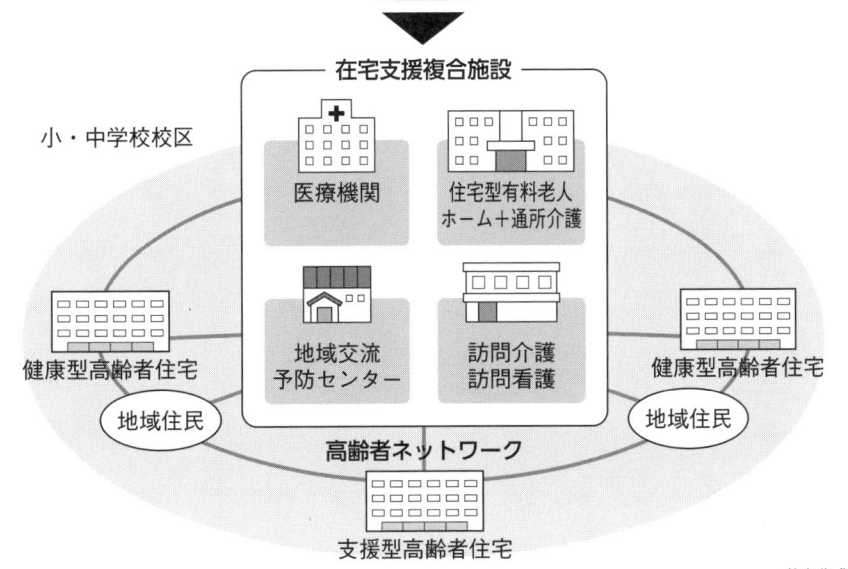

在宅支援複合施設
- 医療機関
- 住宅型有料老人ホーム＋通所介護
- 地域交流予防センター
- 訪問介護 訪問看護

↓

小・中学校校区

在宅支援複合施設
- 医療機関
- 住宅型有料老人ホーム＋通所介護
- 地域交流予防センター
- 訪問介護 訪問看護

地域住民　地域住民
高齢者ネットワーク

↓

小・中学校校区

在宅支援複合施設
- 医療機関
- 住宅型有料老人ホーム＋通所介護
- 地域交流予防センター
- 訪問介護 訪問看護

健康型高齢者住宅　健康型高齢者住宅
地域住民　地域住民
高齢者ネットワーク
支援型高齢者住宅

著者作成

確認問題

問題 1 以下の文章の( )に適切な言葉を記入しなさい。

①地域包括ケアシステムとは、「ニーズに応じた住宅が提供されることを基本としたうえで、生活上の(**ア**)を確保するために、医療や介護のみならず福祉サービスを含めたさまざまな(**イ**)が日常生活の場(日常生活圏域)で適切に提供できるような地域での体制」と定義されている。

②2011(平成23)年には、地域包括ケアシステムの5つの重点課題として、①(**ウ**)との連携強化、②介護サービスの充実強化、③予防の推進、④生活支援サービスの確保や権利擁護、⑤高齢期になっても住み続けられる(**エ**)の整備が提案されている。

③地域包括ケアシステムを構築していくには、①さまざまなニーズに対応する高齢者住宅、②通い・泊まり・訪問ができる(**オ**)、③24時間の訪問看護・介護サービス、④(**カ**)、⑤地域交流・予防センターの整備と互助活動を支援、⑥高齢者ボランティア団体の組織化、⑦人材教育という7つの要素が不可欠である。

④介護分野で働く人材が介護技術とともに(**キ**)、(**ク**)の知識をもつことにより、介護の仕事をプロ意識の強いものにすることでき、生産性を向上していける。

確認問題

解答 1

ア：安全・安心・健康　イ：生活支援サービス　ウ：医療
エ：高齢者住宅　オ：複合事業拠点　カ：在宅医療
キ：マネジメント　ク：マーケティング

解説 1

①②地域包括ケアシステムとは、住宅が提供されることを基本とし、医療・介護・福祉サービスを含めたさまざまな生活支援サービスが日常生活の場で適切に提供されるような地域での体制です。本人の住まいを基盤にすることにより自立を支援しやすくなり、高齢者の人権が尊重できることが期待できます。それを可能とするためには、高齢者住宅と通い・泊まり・訪問ができる複合事業拠点からなる在宅支援複合施設が必要です。

③24時間の訪問サービス体制を実現可能なものにするためには、介護サービスは主として日勤帯に行い、深夜には必要不可欠な在宅医療・看護サービスを主として提供していくことが望ましいでしょう。

④同時に、介護分野で働く人材に対し、介護技術ばかりでなく経営・管理の教育を行っていけば、介護福祉サービスの生産性を向上していけるものと考えます。

第16章

介護福祉マーケティングの事例③
医療法人の介護療養病床転換

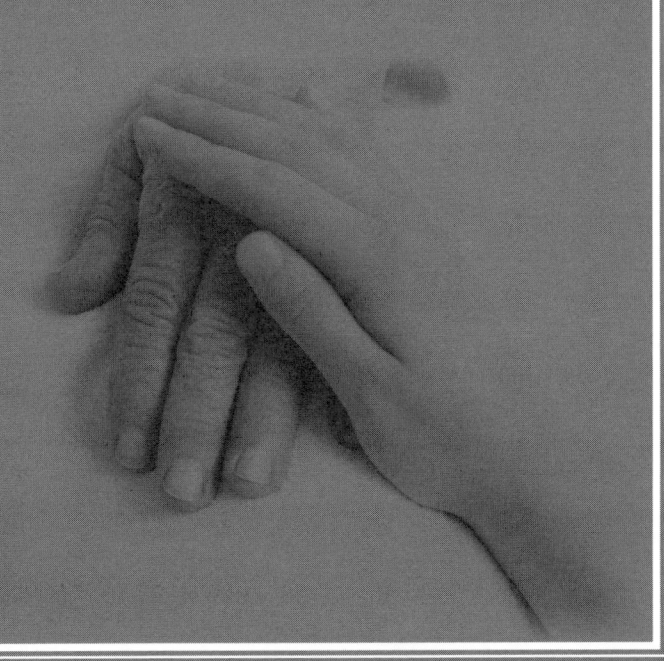

1. 介護療養病床廃止への対策
2. 介護療養病床の転換の方向性
3. おわりに

1 介護療養病床廃止への対策

1 背景

　医療法人竜門堂は、江戸末期に現在の佐賀県武雄市山内地区で医療に取り組み始め、代々、実地医家としての役割を伝承しています[59]。

　現在は地域の慢性期医療を担う大野病院と2つの診療所の運営に加えて介護福祉事業にも取り組んでおり、地域の医療・介護の中核を担っています。大野病院は医療療養病床82床、介護療養病床111床を保有しています[59]。

　厚生労働省は2005（平成17）年12月、高齢者医療介護に関わる社会保障費の増大に歯止めをかける目的で療養病床を再編する方針を発表しました。療養病床の入院患者の医療必要度が低いこと、および日本の病院の平均在院日数が国際的に見て極めて長く、特に療養病床がその重要な要因の1つである[60]という理由で介護療養病床を廃止する方針を打ち出したのです。

　その期限は当初の2012（平成24）年3月から2018（平成30）年3月までと6年間延期されましたが、介護療養病床をもつ医療機関はその対策をとらざるを得ません。

2 地域の介護ニーズ

　大野病院がある武雄市（人口約51万1,000人）では、2010（平成22）年から「地域包括ケア研究報告書」が整備目標年とする2025年ま

での間に人口が6,937人減少するとされています。その一方で高齢者は2,047人増加し、このうち前期高齢者が917人、後期高齢者が1,130人増加すると推定されています。また、要介護者は2010（平成22）年の2,401人が2025年には3,012人と、611人増加すると推定されています[61]。

現在、この地域には介護福祉事業を手がける医療法人は多くありません。そのため大野病院では、この地域に住む疾病を抱えた高齢者の介護ニーズが確実に上昇すると考えられます。

3 事例病院の入居者の特徴

大野病院の介護療養病床の入居者は全体の75％が女性であり、平均年齢は84歳（男性80歳、女性86歳）、年齢別の入院状況は後期高齢者が87％でした。

介護療養病床の入居者の要介護度は全体の92％が要介護度4および5で、それぞれ34名（31％）、68名（61％）でした。介護療養病床の入居者は高齢で要介護度が高く、認知症を含めて医療ニーズの高いことが特徴でした。

4 介護保険事業の展開

2000（平成12）年4月に介護保険制度がスタートし、医療法人竜門堂が最初に取り組んだのが大野病院への通所リハビリテーション（デイケアセンター「げんき」）の併設でした。しかし地域のニーズがリハビリ機能だけでなく、家族の休養を支援するレスパイト機能の充実にもあると考えられたため、通所リハビリテーションを通所介護（デイサービス）へと転換しました。

2002（平成14）年、2003（平成15）年には認知症への対応が必要

となり、2ユニット18名のグループホーム「あったか荘」、1ユニット9名のグループホーム「ことぶき荘」を開設しました。さらに、2006(平成18)年には宅老所「はるかぜ」を開設しました。

5 有料老人ホームの開設

厚生労働省の方針によって高齢者住宅のニーズが高くなり、医療法人竜門堂は2007(平成19)年に住宅型有料老人ホーム「すずかぜ」(定員26名)、2009(平成21)年に認知症デイサービス併設の住宅型有料老人ホーム「爽風館」(定員53名)を開業しました。

「すずかぜ」の月額利用料は、入居費がA個室42,600円、B個室39,600円、食費が41,400円(1日当たり1,380円)です。一方の「爽風館」は、月額利用料は入居費がA個室38,600円、B個室36,600円、食費41,400円(1日当たり1,380円)、管理費5,000円と、低額に設定しました。

図表16-1に「すずかぜ」と「爽風館」の入居者の要介護度を示しました。要介護度2以上の高齢者が過半数であり、75歳以上の後期高齢者がほとんどで、外部サービスとの連携が不可欠です。

図表16-1●入居者の要介護度の分布

要介護度	すずかぜ				爽風館			
	男性	女性	全体	割合	男性	女性	全体	割合
自立	1	0	1	4.0%	0	0	0	0.0%
要支援1	0	1	1	4.0%	1	0	1	1.9%
要支援2	1	1	2	8.0%	1	1	2	3.8%
要介護1	2	4	6	24.0%	5	8	13	25.0%
要介護2	2	3	5	20.0%	4	8	12	23.1%
要介護3	1	7	8	32.0%	3	7	10	19.2%
要介護4	1	1	2	8.0%	5	5	10	19.2%
要介護5	0	0	0	0.0%	1	3	4	7.7%
合計	8	17	25	100.0%	20	32	52	100.0%

著者作成

図表16-2に竜門堂の医療、介護サービス提供の流れで示しました。「すずかぜ」、「爽風館」は住宅型有料老人ホームであり、医療、介護サービスは外部から提供される形になっています。また、入居者一人ひとりのニーズに合わせてケアプランを作成しています。

図表16-2 ● 地域包括ケアのモデル

```
┌─────────────┐                                                    ┌─────────────┐
│  訪問介護ST  │                                                    │  訪問介護ST  │
└──────┬──────┘      ┌─────────────┐                               └──────┬──────┘
       │             │ 大規模通所介護│                                      │
       │      ───▶  │    げんき    │  ◀───                                │
       │             │   定員70名   │                                      │
       │             └─────────────┘                                      │
       │                                                                   │
┌──────▼──────┐     ┌─────────────┐                               ┌──────▼──────┐
│   住宅型    │      │  通所介護   │                                │   住宅型    │
│ 有料老人ホーム│ ───▶│   はるかぜ   │◀───                           │有料老人ホーム│
│   すずかぜ   │     │   定員40名   │                                │   爽風館    │
│             │     └─────────────┘                                │             │
│   居室26室   │                                                    │   居室53室   │
│             │     ┌─────────────┐                                │             │
│             │◀───│ 在宅支援診療所│───▶                            │             │
│             │     └─────────────┘                                │             │
│             │  訪問診療              訪問診療                      │             │
│             │  訪問看護              訪問看護                      │             │
│             │  訪問リハ              訪問リハ                      │─▶小規模デイ │
│             │                                                    │             │
│             │ ────────────────────────────────────────────▶     │─▶認知症デイ │
└──────┬──────┘                                                    └──────┬──────┘
       │ 入退院                                                            │ 入退院
       ▼                                                                   ▼
┌─────────────────────────────────────────────────────────────────────────┐
│      病院    医療療養病床：82床、介護療養病床：111床                      │
└─────────────────────────────────────────────────────────────────────────┘
```

著者作成

図表16-3に「すずかぜ」、「爽風館」の入居者の介護保険サービス利用状況を示しました。「すずかぜ」、「爽風館」の入居者は、デイサービス、認知症デイサービス、訪問リハビリ、訪問看護、訪問介護、診療所を利用していました。また、「すずかぜ」、「爽風館」の入居者の通所介護サービス利用状況は、「すずかぜ」で45.7％、「爽風館」で69.1％でした。マンツーマンで対応する訪問介護サービスの利用状況は、「すずかぜ」で53.1％、「爽風館」で23.9％でした。

医療法人が高齢者住宅事業を行ううえで有利な点は、収入源が複数となることです。1つは食費、管理費、家賃の収入があります。さらに、高齢者住宅の入居者は疾病があることが多く、定期的あるいは緊急の

訪問診療・入院診療が必要となり、診療報酬を得ることができます。

図表16-3●有料老人ホームにおける介護サービスによる施設ごとの収入

(円)

		デイサービス	認知症デイサービス	訪問リハビリ	訪問看護	訪問介護	全体
すずかぜ	1人当たり	60,495	21,947	1,866	549	103,805	188,662
	ホーム当たり	1,512,380	548,670	46,650	13,720	2,595,120	4,716,540
	割合	32.1%	11.6%	1.0%	0.3%	55.0%	100.0%
爽風館	1人当たり	96,365	46,079	12,996	2,297	48,521	206,258
	ホーム当たり	5,010,980	2,396,130	675,770	119,430	2,523,090	10,725,400
	割合	46.7%	22.3%	6.3%	1.1%	23.5%	100.0%

著者作成

2 介護療養病床の転換の方向性

1 2025年に向けたビジョン

　介護療養病床の廃止の期限が延長されたとはいえ、医療法人竜門堂が保有している111床の介護療養病床は、いずれ他の施設に転換していかなければなりません。今後6年間でいかに転換していくかが大きな課題となります。

　療養病床は通常4人部屋でプライバシーが守れません。一方、高齢者住宅は居室が個室で広く、住宅という視点で入居者に自由度の高い生活を提供することができます。また、夫婦で利用できる2人部屋を用意することができれば、夫婦のうち1人の要介護度が高く、もう1人が要支援レベルであっても、それぞれの医療・介護ニーズに対応した柔軟なサービスを提供することが可能です。

　介護療養病床の転換先については、高齢者住宅が適切であり、地域包括ケアシステムの拠点として、さらに整備していくことがもっとも現実的な方法と考えられます。そこで、地域包括ケアシステム整備における7つの課題に関連して、2025年に向けたビジョンを考えてみました。

（1）さまざまなニーズに応える高齢者住宅

　介護療養病床の転換先として、地域包括ケアシステムの拠点となる規模の大きな高齢者住宅を整備する必要があります。

　そのためには、生活支援サービスなどの資源も整備し、複数の高齢者住宅もカバーできるようにネットワーク化していくことが効率的であると思われます。

(2) 複合事業拠点の整備

地域包括ケアシステムの中心となる高齢者住宅に居宅介護支援、訪問介護・看護、通所介護、予防・生きがい支援、高齢者ボランティア活動等を行う複合事業拠点を整備し、生産性を高める必要があります。

(3) 24時間訪問サービスの推進

24時間巡回型訪問サービスを行う拠点をつくり、サービスの提供者側と高齢者住宅をネットワークで結ぶとコミュニケーションが円滑になり、高齢者が安心できる環境を構築することできます。

(4) 予防・生きがい支援拠点の整備

予防・生きがい支援に関しては複合事業拠点で行い、市町村事業などとも連携しながら対応していく必要があります。

(5) 高齢者ネットワーク（ボランティア組織）の構築

複合事業拠点を中心にボランティアとの関係を強くしていき、高齢者の見守り、買い物支援等ができるネットワークを構築していくようなマネジメントが必要です。

(6) 在宅医療の推進

高齢者住宅に在宅医療を提供していくとともに訪問看護も整備し、近隣の戸建て住宅の一人暮らし高齢者にも在宅医療を提供していけるようにすると、スケールメリットが得られます。

(7) 人材教育

介護保険事業を任せてきた管理者が定年となっていくなかで、世代交代が円滑にいくように、次世代を担う人材育成のためのリーダーシッププログラム等にも取り組んでいくことが必要でしょう。

3 おわりに

　今後ますます高齢者の割合が増加し、医療・介護・年金を中心とした社会保障費が急増していくことは避けられず、医療・介護の効果的、効率的なシステム整備が急務となっています。そのため、高齢者住宅を中心とする医療・介護・生活支援サービスの機能をもたせた複合事業拠点のマーケティングが、高齢者ケアの分野では求められていくでしょう。

確認問題

問題1 以下の文章の（ ）に適切な言葉を記入しなさい。

①厚生労働省は、療養病床の入院患者の医療必要度が低いこと、および日本の病院の（**ア**）が国際的に見て極めて長く、特に療養病床がその重要な要因の1つであるという理由で（**イ**）を廃止する方針を打ち出した。

②介護療養病床の入居者は、高齢で（**ウ**）が高く、（**エ**）を含めて医療ニーズの高いことが特徴である。

③療養病床は通常4人部屋であり、（**オ**）が守れない。一方、高齢者住宅は、居室は個室で広く、住宅という視点で入居者に（**カ**）の高い生活を提供することができる。

④医療法人が住宅型有料老人ホーム事業を行う有利な点は、収入源が複数となることである。1つは食費、管理費、家賃の収入、次に（**キ**）からの収入がある。さらに、高齢者住宅の入居者は疾病を持っていることが多く、定期的あるいは緊急の訪問診療や入院診療が必要となり（**ク**）を得ることができる。

確認問題

解答1

ア：平均在院日数　イ：介護療養病床　ウ：要介護度
エ：認知症　オ：プライバシー　カ：自由度
キ：介護保険事業　ク：診療報酬

解説1

①厚生労働省は2005（平成17）年12月、高齢者医療介護に関わる社会保障費の増大に歯止めをかける目的で、療養病床を再編する方針を発表しました。その期限は当初の2012（平成24）年3月から2018（平成30）年3月までに6年間延期されましたが、介護療養病床をもつ医療機関はそれらの対策をとらざるをえません。

②③④介護療養病床の入居者は、高齢で要介護度が高く、認知症を含めて医療ニーズの高いために、介護療養病床を高齢者住宅に転換する場合には、医療・介護サービスを継続的に提供するシステムを構築することが必要となります。このことは、食費、管理費、家賃の収入以外に、介護保険事業や診療報酬からの収入を得ることにもつながります。療養病床の転換として、高齢者住宅を地域包括ケアの拠点として整備していくことは、現実的な選択肢となります。

参考文献

1) http://www.marketingpower.com/Pages/default.aspx
2) Kotler P. and Armstrong G., Principles of marketing, Prentice-Hall Inc, 2001.
3) フィリップ・コトラー 、ゲイリー・アームストロング、マーケティング原理 、ダイヤモンド社、2003.
4) Drucker P.F., Management: tasks, responsibilities, practices, HarperCollins Publisher, 1973.
5) Kotler P., Keller K.L., Marketing management, Prentice-Hall Inc, 2006.
6) フィリップ・コトラー、コトラー＆ケラーのマーケティング・マネジメント、ピアソン・エデュケーション、2008.
7) Goble F.G., The third force: the psychology of Abraham Maslow, Growssman Publishers, 1970.
8) 小口忠彦監訳、マズローの心理学、産業能率大学出版、1972.
9) 馬場園明他、介護予防のための栄養指導・栄養支援ハンドブック 、化学同人、2009.
10) 健康・体力づくり事業財団、健康運動指導士養成講習会テキスト上、2011.
11) 厚生労働統計協会、国民衛生の動向 2011/2012、2011.
12) 井松志郎、高齢者介護・シルバー事業企画マニュアル、エクスナレッジ、2006.
13) 日経ヘルスケア、病医院のための高齢者住宅開設マニュアル、日経BP、2008.
14) 日経ヘルスケア、サービス付き高齢者向け住宅徹底攻略ガイド、日経BP、2011.
15) 手塚貞治、戦略フレームワークの思考法、日本実業出版社、2008.
16) 安部徹也、「ビジネス理論」集中講義、日本実業出版社、2011.
17) グロービス・マネジメント・インスティテュート、MBAマーケティング、ダイヤモンド社、2005.
18) Porter M.E., Competitive strategy, The Free Press, A Division of Macmillan Publishing Co, 1980.
19) M.E. ポーター、競争の戦略、ダイヤモンド社、1995.
20) Porter M.E., Competitive strategy, The Free Press, A Division of 22) Macmillan Publishing Co, 1985.
21) M.E. ポーター、競争優位の戦略、ダイヤモンド社、1985.
22) 窪田昌行、第2章 病医院の事業多角化戦略、病医院の事業多角化戦略モデルプラン集、総合ユニコム、2007.
23) Berkowitz E.N., Essentials of health care marketing, Jones and Bartlet, 2006.
24) 日経メデイカル開発、医療経営の基本と実践 上巻[戦略編]、日経BP、2006.
25) 高瀬浩、ステップアップ式マーケティング入門、ダイヤモンド社、2005.
26) Kitwood T., Dementia reconsidered, Open University Press, 1997.
27) トム・キットウッド、認知症のパーソンセンタードケア、筒井書房、2005.
28) Feil N., The validation breakthrough: simple techniques for communicating with people with "Alzheimers type dementia". Health Professions Press, 1993.
29) ビッキー・デクラーク・ルビン、認知症ケアのバリデーション・テクニック―より深いかかわりを求める家族・介護者のために、筒井書房 、2009.
30) 野口智雄、マーケティングの基本、日本経済新聞社、2005.
31) Kotler P. and Armstrong G.,Marketing : Principles of marketing, Prentice-Hall Inc, 2001.
32) フィリップ コトラー、ゲイリー アームストロング 、コトラーのマーケティング入門、ピアソン・エデュケーション、1999.
33) Kotler P. and Lee N.P., Up and out of poverty: The social marketing solusion, Pearson Education, Inc., 2009.
34) フィリップ コトラー 、ナンシー リー、コトラー ソーシャル・マーケティング、丸善、2010.
35) 松本千明、保健スタッフのためのソーシャル・マーケティング、医歯薬出版、2004.
36) 馬場園明：脱・メタボリックシンドロームのための健康支援、中央法規出版、2008.
37) Ajen I., From intensions to actions: a theory of planned behavior. In J Kuhl, J Beckmann (eds), Action control from cognition to behavior, Springer, 1985.
38) Ajen I., Attitudes, personality, and behavior, The Dorsey Press, 1988.
39) Prochaska J.O., DiClemente C.C.: Stages and processes of self-change of smoking: toward an Integrative model of change. Journal of Consulting and Clinical Psychology 51(3): 390-395, 1983.

40) Rosenock I.M., Historical origins of the health belief model. Health Education Monographs 2 (4), 328-335, 1974.
41) Bandura A., Self-efficacy: the exercise of control, WH Freeman Company, 1977.
42) Cobb S. Social support as a moderator of life stress, Psychosomatic Medicine, 38: 300-314, 1976.
43) バート・ヴァン ローイ他、サービス・マネジメント—統合的アプローチ〈上〉、ピアソンエデュケーション、2004.
44) J.L.ヘルスケット他、サービス・プロフィット・チェーンの実践法—顧客満足度と社員満足が生む高収益体質、ハーバード・ビジネス・レビュー、ダイヤモンド社、1994.
45) Kotter J.P., On what leaders really do, Harvard Business School Press, 1999.
46) ジョン・P・コッター、リーダーシップ論、ダイヤモンド社、1999.
47) Wallenstein N., Powerlessness, empowerment, and health: Implications for health promotion programs. American Journal of Health Promotion, 6, 197-205, 1992.
48) Kim W.C., Mauborgne R., Blue ocean strategy, Harvard Business School Publishing Cooporation, 2005.
49) W・チャン・キム、レネ・モバルニュ、ブルー・オーシャン戦略、武田ランダムハウスジャパン、2005.
50) 岡本祐三、高齢者医療と福祉、岩波新書、1996.
51) 髙橋淑郎、医療経営のバランスト・スコアカード、生産性出版、2004.
52) Kaplan R.S., Norton D.P., Strategy maps, Harvard Business School Press, 2004.
53) ロバート・S・キャプラン、デビッド・P・ノートン、戦略マップ、ランダムハウス講談社、2005.
54) 山田康子、馬場園明：特定有料老人ホームにおける経営分析、医療福祉経営マーケティング研究、3、59-64、2008.
55) 川喜田二郎、発想法-創造性開発のために、中公新書、1967.
56) 地域包括ケア研究会、平成21年度老人保健健康増進等事業による研究報告書・地域包括ケア研究会報告書、2010.
57) 山下正策他、ケーススタディ 姶良市高齢者自立支援コミュニティ構想～在宅支援複合施設を核とした地域包括ケアシステムの構築～医療法人玉昌会 加治木温泉病院、医療福祉経営マーケティング研究、5、33-54、2010.
58) 下水流智和他：地域包括ケアシステム構築のための在宅支援複合施設の活用、医療福祉経営マーケティング研究、6、45-60、2011.
59) 下村徹郎他：地域コミュニティに根ざした介護療養病床の転換戦略～医療法人竜門堂 大野病院～、医療福祉経営マーケティング研究、6、27-44、2011.
60) 印南一路、「社会的入院」の研究、東京、東洋経済新報社、2009.
61) 国立社会保障・人口問題研究所、「日本の将来推計人口」2006.

MEMO

MEMO

MEMO

● 著者プロフィール

馬場園 明（ばばぞの・あきら）

九州大学大学院医学研究院医療経営・管理学講座 教授

1984年、九州大学医学部卒業。沖縄県立中部病院で内科研修を修了。1990年、岡山大学大学院医学研究科修了。医学博士。1993年、ペンシルバニア大学大学院修士課程修了。臨床疫学修士。岡山大学医学部講師を経て、1994年から九州大学健康科学センター助教授、2005年から九州大学大学院医学研究院医療経営・管理学講座教授。医療政策、健康政策、臨床疫学、医療経営管理学を専攻。

主な著書に『健康支援学――ヘルスプロモーション最前線』（共著、至文堂）、『脱・メタボリックシンドロームのための健康支援』（中央法規出版）、『介護予防のための栄養指導・栄養支援ハンドブック』（化学同人）など。

● 総監修者プロフィール   50音順

江草安彦（えぐさ・やすひこ）

社会福祉法人旭川荘名誉理事長、川崎医療福祉大学名誉学長
1926年生まれ。長年にわたり、医療・福祉・教育に従事、医学博士。旧制広島県立福山誠之館中学校卒業後、岡山医科大学付属医科専門部（現・岡山大学医学部）に進学し、勤務医を経て総合医療福祉施設・社会福祉法人旭川荘の創設に参加、85年より旭川荘の第2代理事長となる。現在は名誉理事長。川崎医療福祉大学学長（～03年3月）、川崎医療福祉大学名誉学長および川崎医療福祉資料館館長（現在に至る）。00年、日本医師会最高優功章受章、01年保健文化賞、06年瑞宝重光賞、09年人民友誼貢献賞など受賞多数。

大橋謙策（おおはし・けんさく）

公益財団法人テクノエイド協会理事長、元日本社会事業大学学長
1943年生まれ。東京大学大学院教育学研究科博士課程修了。日本社会事業大学教授、大学院研究科長、社会福祉学部長、社会事業研究所長、日本社会事業大学学長を経て、2011年より現職。埼玉県社会福祉審議会委員長、東京都生涯学習審議会会長等を歴任。著書に、『地域社会の展開と福祉教育』（全国社会福祉協議会）、『地域福祉』『社会福祉入門』（ともに放送大学教育振興会）、『地域福祉計画策定の視点と実践』（第一法規）、『福祉21ビーナスプランの挑戦』（中央法規出版）ほか。

北島政樹（きたじま・まさき）

国際医療福祉大学学長
1941年生まれ。慶應義塾大学医学部卒。外科学（一般・消化器外科）専攻、医学博士。慶應義塾大学名誉教授。Harvard Medical School、Massachusetts General Hospitalに2年間留学。杏林大学第一外科教授、慶應義塾大学病院副院長、院長、医学部長を経て名誉教授。国際医療福祉大学副学長、三田病院院長を経て国際医療福祉大学学長（現職）。英国王立外科学会、アメリカ外科学会、イタリア外科学会、ドイツ外科学会、ドイツ消化器外科学会、ハンガリー外科学会名誉会員およびポーランド外科学会名誉会員。New England Journal of Medicine、World Journal of Surgery、Langenbeck's Archives of Surgeryなどの編集委員。ブロツワフ大学（ポーランド）、センメルワイス大学（ハンガリー）名誉医学博士。

介護福祉経営士テキスト　実践編Ⅱ-2
介護福祉マーケティングと経営戦略
エリアとニーズのとらえ方

2012年8月25日　初版第1刷発行

著　者	馬場園　明
発行者	林　諄
発行所	株式会社　日本医療企画
	〒101-0033　東京都千代田区神田岩本町4-14　神田平成ビル
	TEL. 03-3256-2861（代）　http://www.jmp.co.jp
	「介護福祉経営士」専用ページ　http://www.jmp.co.jp/kaigofukushikeiei/
印刷所	大日本印刷株式会社

©Akira Babazono 2012, Printed in Japan　ISBN 978-4-86439-099-6 C3034　定価は表紙に表示しています。
本書の全部または一部の複写・複製・転訳載の一切を禁じます。これらの許諾については小社までご照会ください。

これからの介護・福祉事業を担う経営"人財"

介護福祉経営士テキスト

シリーズ 全21巻

総監修

江草 安彦 社会福祉法人旭川荘名誉理事長、川崎医療福祉大学名誉学長

大橋 謙策 公益財団法人テクノエイド協会理事長、元日本社会事業大学学長

北島 政樹 国際医療福祉大学学長

【基礎編Ⅰ】テキスト（全6巻）

1	**介護福祉政策概論** ――施策の変遷と課題	和田 勝	国際医療福祉大学大学院教授
2	**介護福祉経営史** ――介護保険サービス誕生の軌跡	増田雅暢	岡山県立大学保健福祉学部教授
3	**介護福祉関連法規** ――その概要と重要ポイント	長谷憲明	関西国際大学教育学部教授・地域交流総合センター長
4	**介護福祉の仕組み** ――職種とサービス提供形態を理解する	青木正人	株式会社ウエルビー代表取締役
5	**高齢者介護と介護技術の進歩** ――人、技術、道具、環境の視点から	岡田 史	新潟医療福祉大学社会福祉学部准教授
6	**介護福祉倫理学** ――職業人としての倫理観	小山 隆	同志社大学社会学部教授

【基礎編Ⅱ】テキスト（全4巻）

1	**医療を知る** ――介護福祉人材が学ぶべきこと	神津 仁	特定非営利活動法人全国在宅医療推進協会理事長／医師
2	**介護報酬制度／介護報酬請求事務** ――基礎知識の習得から実践に向けて	小濱道博	介護事業経営研究会顧問
3	**介護福祉産業論** ――市場競争と参入障壁	結城康博　早坂聡久	淑徳大学総合福祉学部准教授　社会福祉法人柏松会常務理事
4	**多様化する介護福祉サービス** ――利用者視点への立脚と介護保険外サービスの拡充	島津 淳　福田 潤	桜美林大学健康福祉学群専任教授

【実践編Ⅰ】テキスト（全4巻）

1	**介護福祉経営概論** ――生き残るための経営戦略	宇野 裕	日本社会事業大学専務理事
2	**介護福祉コミュニケーション** ――ES、CS向上のための会話・対応術	浅野 睦	株式会社フォーサイツコンサルティング代表取締役社長
3	**事務管理／人事・労務管理** ――求められる意識改革と実践事例	谷田一久	株式会社ホスピタルマネジメント研究所代表
4	**介護福祉財務会計** ――強い経営基盤はお金が生み出す	戸崎泰史	株式会社日本政策金融公庫国民生活事業本部融資部専門調査役

【実践編Ⅱ】テキスト（全7巻）

1	**組織構築・運営** ――良質の介護福祉サービス提供を目指して	廣江 研	社会福祉法人こうほうえん理事長
2	**介護福祉マーケティングと経営戦略** ――エリアとニーズのとらえ方	馬場園 明	九州大学大学院医学研究院医療経営・管理学講座教授
3	**介護福祉ITシステム** ――効率運営のための実践手引き	豊田雅章	株式会社大塚商会本部SI統括部長
4	**リハビリテーション・マネジメント** ――QOL向上のための哲学	竹内孝仁	国際医療福祉大学大学院教授／医師
5	**医療・介護福祉連携とチーム介護** ――全体最適への早道	苛原 実	医療法人社団実幸会いらはら診療所理事長・院長
6	**介護事故と安全管理** ――その現実と対策	小此木 清	弁護士法人龍馬　弁護士
7	**リーダーシップとメンバーシップ、モチベーション** ――成功する人材を輩出する現場づくりとその条件	宮野 茂	日本化薬メディカルケア株式会社代表取締役社長

※タイトル等は一部予告なく変更する可能性がございます。